语言是存在的家。

——马丁·海德格尔

我们的语言，蜗牛的壳

蔡激浪 著

新世界出版社
NEW WORLD PRESS

图书在版编目（CIP）数据

我们的语言，蜗牛的壳 / 蔡激浪著 . --北京 : 新世界出版社 , 2020.12

ISBN 978-7-5104-7154-4

I. ①我 ... II. ①蔡 ... III. ①随笔 - 作品集 - 中国 - 当代 IV. ① I267.1

中国版本图书馆 CIP 数据核字 (2020) 第 223467 号

我们的语言，蜗牛的壳

作　　者：蔡激浪
责任编辑：楼淑敏
责任校对：宣　慧
图书设计：李戈晶
责任印制：王宝根
出版发行：新世界出版社
社　　址：北京西城区百万庄大街 24 号（100037）
发 行 部：(010) 6899 5968 (010) 6899 8705（传真）
总 编 室：(010) 6899 5424 (010) 6832 6679（传真）
http://www.nwp.cn
http://www.nwp.com
版 权 部：+8610 6899 6306
版权部电子信箱：nwpcd@sina.com
印　　刷：北京亚通印刷有限责任公司
经　　销：新华书店
开　　本：710mm×1000mm　　1/32
字　　数：120 千字　　印张：7.25
版　　次：2020 年 12 月第 1 版　　2020 年 12 月第 1 次印刷
书　　号：ISBN 978-7-5104-7154-4
定　　价：38.00 元

自序

几年前的某一个清晨，我驾车行驶在琼州大桥上。前方是万里晴空，两边是碧绿的江水，我心旷神怡，豁然开朗，出奇地感受到这个世界的美妙！从那个时刻起，我的感官似乎变得格外地灵敏，周围的一切好像都被放大了起来，我时时心生感悟，生怕错过生活所要告诉我的一切事情，于是，这种感受就变成了一种写作的冲动。我们创造生活，但其实生活也在塑造着我们。生活一直给予我们某些东西，这些东西叫“领悟”，若是对此熟视无睹，就无法品味生活的真谛。我就像是一个背包游的旅行者，“走走停停”，有什么值得写下来，就随性写下几句，不苛求，不刻意。不觉间，写下的东西已逾十万言，于是就有了这个集子。

在阅读、思考和写作间闲游，我领悟到世间万物无不充满共性，世间的道理无不相互联系，或许用路德维希·维特根斯坦所说的“家族相似性”来形容更为贴切。例如，自然界的生物虽然形态各异，但复杂的是生命的表象，生命的本质是简约。我们赖以生存的语言也同样如此，尽管各种语言复杂纷繁，但本质上都是简单的对“有限规则的无限使用”。生活又何尝不是如此，纵观人生百态，本质上讲都是对幸福的追求。只是，关于什么是幸福生活，人们通常说不清、道不明，常常有人迷失于此。

陈嘉映先生说哲学上的语言转向让人们切实发现很多道理凝聚在语言中，对此我深以为然。我从事语言教学与研究工作已十年有余，切切实实感受到语言之美妙以及语言带给我们的智慧。我行走在语言之途，语言带我思考、领悟，集子里很多论题的讨论都离不开语言。例如，语言的省略现象带我领悟人生的“留白”，语言中量词的使用让我体会到时间感知的微妙，语言中概念的使用引发我对人的偏见观念的思考……我将诸如此类的领悟凝聚在这个集子中。道理和感悟皆是由语言带到我的面前，海德格尔说语言使“存在物”呈现，我更愿意说语言使“道理”向我敞开。该给集子取个什么样的名字呢？我想起钱冠连先生一个有趣的说法：语言是人的最基本生存状态，是人最可靠的依赖之所。犹如蜗牛背上背着的壳，是人的居所。那么，书名就叫《我们的语言，蜗牛的壳》吧。

这个集子的面世，我要特别感谢业师吴刚先生。先生多年来一直手不释卷、笔耕不辍，是我真正走上阅读与思考之路的引路人。十年前先生就鼓励我写作，无奈感叹自己文笔笨拙，迟迟不敢动笔。如今才逐渐明白，写作主要源于思想的涌动，并非文笔练就而后才能达成的事。妻子碧玉也深受吴刚师的思想影响，得知我有追随先生的志趣，甚是欢喜，对我的写作给予了支持。女儿琦琦已是小学学童，对阅读与写作也萌发了些兴趣，读了集子里的个别篇目，并跟我谈读后感受，这令我欣慰。

韩少功先生在百忙中通读书稿，并为本书做点评，使我深受鼓舞！韩刚教授、肖少北教授、张文香副教授、卓兰花副教授通读书稿并提出很好的建议。还有不少师长、朋友、同事、同学以及学生陆续读过集子里的部分篇目，他们的阅读与鼓励是我结集出版的动力。

拙作的出版还得到了海南师范大学外国语学院和教务处的大力支持，新世界出版社楼淑敏女士为本书出版付出了辛勤且富有创造力的工作。

谨在此一并特别致谢！是为序！

蔡激浪

2020 年 7 月于椰城

目录

辑一 不说

任何对别人的评判都在一定程度上反映评判者自身，乃是语言预设功能使然。因此，对别人品头论足不是明智之举，智者通常虚怀若谷，总能洞察人性之不足而宽容待人。

辑二　活在信念中

苏格拉底认为“未经审视的生活不值得过”，能否说没有信念的生活也不值得过？没了信念，活着活着，就过成了别人的生活。

辑一

不说

任何对别人的评判都在一定程度上反映评判者自身，乃是语言预设功能使然。因此，对别人品头论足不是明智之举，智者通常虚怀若谷，总能洞察人性之不足而宽容待人。

语言的美与善变

著名语言学家史蒂芬·平克在他的大作《语言本能》的序言中写道："I have Never met a person who is not interested in language."（我从未见过有谁对语言不感兴趣的。）你或许会有些不解：至于吗？对外语敬而远之还怕来不及呢！史蒂芬·平克说的应该是我们娴熟使用的母语。我们一岁左右开始逐渐学会说话，三岁左右基本上熟练使用母语（时间上有个体差异），在这一过程中我们丝毫不费力气。但是，学习母语以外的任何外语对于大多数人来讲都比较困难。人类天生就有获得任何一种语言的能力，但是，一旦掌握了一种语言，大脑对其他语言的学习就变得非常迟钝。因此，少有人对外语产生兴趣，学习外语难度比较大，需要付出努力。母语习得无需费力，我们用得得心应手，因此不会不喜欢，但是恐怕多数人未必注意到语言有多有趣吧？

当读到一个幽默故事，我们笑得合不拢嘴，觉得有趣的是故事，压根儿没注意故事有趣是语言使然。故事是语言的一种存在，故事有趣即语言有趣。若仔细观察，一个简单的词汇也能表现出语言的趣味性。例如，汉语“意思”一词就非常有意思，让学中文的外国朋友苦不堪言。我们可以说某人“很有意思”，也可以数落某人说“你可真有意思”；人们给别人送点小礼时说“意思一下”，收礼的人则说“那我就不好意思了”。咱们中国人都能明白其中的妙用，外国朋友若想完全领会绝非易事。

小时候，我的小伙伴有一次不小心险些摔倒，随后他对我说：“刚才我差点儿没摔倒。”我说：“你应该说你差点儿摔倒，差点儿没摔倒不就是说最后结果是你摔倒了吗？”紧接着，我们俩为此争得面红耳赤，现在想起来这事觉得蛮有意思。

汉语有一种句式很特别，主语和宾语交换位置，句子意思却没变。如，“一张床睡三个人”和“三个人睡一张床”。汉语是语序比较严格的语言，主语和宾语交换位置一般要影响意义，上面两个句子却例外。

汪峰有一首歌叫《爱是一颗幸福的子弹》，把爱的特点诠释得非常巧妙。把爱比喻成子弹表现出爱的“穿透力”和“浪漫主义”的意境，非常生动、形象。若是随意换成其他的词恐怕不妥，例如“爱是一颗幸福的炸弹”或“爱是一把幸福的刀”让人没法接受了吧？隐喻的使用要恰到好处，方能体现语言的趣味性。

语言并非一成不变，而是处在不断发展变化中。其中，词汇的变化最为活跃，并且词义的演变现象极为有趣。

当一个词有了贬义（或令人尴尬）的用法之后，原来褒义的用法会逐渐受到影响而越来越少用，这是因为说话者为了避免引起听话人不好的联想而令人尴尬。

当前人们不怎么称呼女性为“小姐”就是以上原因所致。“女士”似乎不经常用来称呼年轻未婚的女生，“美女”嘛，又过于通俗，少了过去那个年代“小姐”称谓的那种优雅。此外，“美女”一般不能跟姓氏一起使用（如“张美女”就不太好）。有趣的是，男士看到比自己稍微年长的女性可不能称呼“大姐”，而称呼“姐”似乎要好一点儿。看来，“大”和“小”两个形容词是“姐”的死敌。我是一个容易纠结的人，和比我年长很多且相貌平平的女性打交道，实在没法以“美女”来称呼对方。想想自己也太务实了，这方面广州人做得比较干脆，女性都统一叫“靓女”。记得我刚到广州那段时间，有一天去一个店里吃一碗双皮奶，只听旁桌一男生叫了一声“靓女”，我循声望去，只见是一位和我妈妈年纪相仿的阿姨，我大吃一惊。

“同志”在工作场合中仍旧广泛使用，因为该词内涵深刻，凝聚力、号召力强，似乎无词可替代。“同事”可以表达工作的关系，但不能作为称呼使用，我们不能叫某同事“张三同事”，但可以说“张三同志”。有一定职务的同事可以以职位名称来称呼，例如“张科长”，没职务的只能直呼其名。对年纪小的可叫“小张”，对上了年纪或者资格老的我们可叫“老张”。有趣的是，对年纪比我们小得多但职位高的同事不能叫“小张”，但是年纪与我们相仿、职位较高的同事却可以叫我们“小张”，我们对年纪比我们大且职务也高的同事又不能叫“老张”。你说这是为何？

词义涵盖范围的变化要么由窄变宽，要么由宽变窄，也是比较有趣的现象。前面提到了“美女”的用法，和它结对儿的词是“帅哥”。早些时候“美女”一般专指貌美如花美少女，“帅哥”专指“玉树临风美少年”，现在这两个词被用得极为泛滥，俨然已成为男女性别的同义词。因此，若是有人称你为帅哥或美女，切勿兴奋得“揽镜自顾夜不眠”。若真的夸你美或帅，人们或许会称你为“女神”或“男神”。但最近这对词语的词义似乎也发生了变化，主要指崇拜的对象，容貌只是其中一个方面，关键在于某方面具有突出的特点，且让人非常羡慕和佩服，又或者是表达一种恭维，“男神”的使用尤其如此。我最初感觉到这一语义变化是因为有人居然把我也叫做“男神”，那一定是一种善意的恭维。

词义变宽也可能是从专有名词演变为普通名词。一个典型的例子是“江”和“河”的使用。“江”原指长江，“河”即黄河。据说，长江水流“可可”，黄河水流“工工”，两者皆为象声词，长江黄河因故得名。随着语言的发展，现如今“江河”泛指一般河流。

词义范围变化还表现为由宽变窄的现象。例如，“吃”（古汉语用别的词，如“食”）原来语义涵盖范围较广，如“吃饭”“吃茶”都可以说。现在我们不能说“吃茶”“吃酒”，只能说“喝茶”“喝酒”了。当然，在一些汉语方言里，还是统一用“吃”，还没发展出“喝”来。

语言留白

留白是艺术创作,特别是画作中常用的手法。如在《寒江独钓图》中,只见一叶孤舟,一个老翁在垂钓,没有一丝江水的点缀,却让人感受到烟波浩渺的意境。留白现象在书籍、音乐中也都有体现,它留给读者或者听众思考和想象的空间。哪怕是在室内装潢方面,人们也会适当给家里留有一些空间,不光是为了活动方便,也为了视觉上的舒适。

人生也需要留白,需要适当"放空",否则就活得太"着急",有时难免也会心生感慨。有一个讲职业规划的学者在演讲中描述理想的一天该做的事,其中就包括半个小时的发呆。发呆即一种留白。但是,处在资讯高度发达的自媒体时代,若是什么都不做,只是发呆,对我们而言是件难事,除非我们手里捧着一部手机。

语言中也存在类似的“留白”现象。请看下面的对话：

(1) 妈妈：怎么还没起床？

女儿：今天周六。

表面上看，对话中女儿似乎答非所问。但是，我们都能想象这个对话发生的可能情形是：妈妈催促女儿起床上学，却忘了当天是周六。这个对话中其实是省略了一些语句，但丝毫不影响交际，因为双方都能根据语境准确领会说话人的意图。若是完整地表达清楚，你反而会觉得不太自然。补充完整的对话如下：

(2) 妈妈：怎么还没起床？［该准备上学了，所以你应该起床。］

女儿：今天是周六，［周六是不需要上学的，因此我没必要起床那么早，所以我还没起床。］

对话 (1) 中话语信息的省略即是语言中的一种“留白”现象。当然，语言中的这种“留白”与艺术创作的留白不尽相同，它不是为了创造意境，而是关照到人的推断能力，同时也是为了语言表达的“省力”。我们说话不需要完全把话语信息“填满”，应该适当留有“空白”，因为相信听话者跟我们一样完全可以根据语境推断出我们的意图。若是有人像对话 (2) 中的女儿那样对你说话，你会不会觉得她在怀疑你的智商？

哪怕对话 (1) 中的女儿把话说得有些离谱，妈妈也总能为她的话语做出合理的推断。假如女儿改口说：“窗台的花开了。”妈妈可能认为女儿在转移话题，不想讨论“起床”的事，因为她坚信女儿智商没有问题，也没有犯过糊涂。再看下面的例子：

(3) 昨天我参加了一场婚礼，那场婚礼的新娘很漂亮。那场婚礼的那个漂亮的新娘戴了一枚很好看的钻戒，那场婚礼的那个漂亮的新娘所戴的那枚钻戒听说是限量版的……

估计你根本无法忍受例 (3) 的段落，原因是其中没有任何话语省略，语言信息全部被填满。正常的话语如下：

(4) 昨天我参加了一场婚礼，新娘很漂亮。她戴了一枚很好看的钻戒，听说是限量版的……

我们绝不会怀疑例 (4) 中的“新娘”指的是说话人昨天参加的那场婚礼中的新娘，以及“钻戒”是这位新娘所戴的戒指。我们之所以非常确定这点，是因为我们都具备有关语篇照应的内在的语言知识。照应是语篇衔接的一种常用手段。

“留白”现象也常出现在单个的句子中，如下例显示：

(5) 老板：明天谁去开会？

秘书：小明 / 小明去 / 小明去开。

上例中，秘书的回答可以有不同程度上的省略，即不同程度上的“留白”。有些时候，我们难免觉得身边某个人说话略显啰唆，或许是因为他不懂得“留白”，总是试图讲明所有细节。

日常交际中，“留白”不一定是省略了具体哪几句话或者一句话中的某一成分，而是省略了一种意图或者态度。例如一句“你懂的”就让人有揣摩的空间。

语言的“留白”也包括我们言语交际中的沉默。例如，课上老师讲完一个知识点后问学生们：“明白了吗？”同学们沉默了许久，对此老师心中已然有了答案。

语言“留白”现象还提醒我们，在某些时候“无声胜有声”，倾听比言语更重要。例如，若你在安慰一个哭着倾诉的人，唠唠叨叨说“想开点”，或者给出一堆建议，灌一大碗“鸡汤”，真的不如静静地倾听来得实在。

语言中的“留白”现象不像画作中的留白，可以增添意境，也不像音乐中的留白，可以产生听觉美感，它关乎话语意图表达的有效性和经济性。

语言与暴力

蒋勋先生专门有一篇文章讲到暴力美学，说到人类本能上有一种暴力倾向，只是这种暴力倾向通常被人们的主观意识给抑制住，未能以直接的方式显示出来。按照蒋先生的说法，人们喜欢观看危险的驯狮表演、惊悚的空中极限表演，以及各种灾难片，实质上也是暴力本能的一种表现。暴力美学是西方美学的一个术语，充分应用到绘画、电影及戏剧中。蒋先生所言的这种暴力本能跟弗洛伊德的说法有共通之处，弗洛伊德主张两种人类生命本能，其中一种就是“攻击”本能，即暴力本能。

记得在一场足球比赛中，当一名球员凌空大力抽射得分时，解说员评论说：这一脚抽射把暴力美学演绎得淋漓尽致！这种意义上使用的“暴力”一词是一种比较优雅的说法。然而在日常生活中，“暴力”却是我们特别惧怕的词汇。

暴力不一定是直接造成身体上伤害的行为，语言所造成的伤害也能成为一种“暴力”，这就是我们熟悉的语言暴力。语言暴力所导致的伤害是精神或者心理上的，例如各种谩骂和诋毁。语言暴力普遍存在于我们的生活中。当一种语言暴力广泛被社会和人们接受，它的暴力就变得没那么容易被人察觉，受害者却深受其害，人类历史上不乏这样的时期。

语言暴力其实是一种隐喻的应用，也就是把语言给人造成心理创伤的功能比喻为致使生理上伤害的暴力。

说了极为伤人的话是暴力，然而，什么都不说也能发展为一种暴力，这种暴力叫“冷暴力”。究其原因，语言乃人类区别于动物的一种独特能力，是人类沟通所依赖的最为有效的手段。当一个人拒绝说话，显然是拒绝沟通，背后的意图通常是不屑或彻底失望，又或者是心怀怨恨。此种情形下，语言的缺失像是一把冷剑，伤人于无形之中，因此也是一种暴力。这种冷暴力是对处在亲密关系中的人而说的，其中，最为典型的莫过于夫妻间的冷暴力。

对于不处在亲密关系中的人，沉默不会成为一种“暴力”。假如一个人写文章痛批某人的观点，若是对方默不作声，不再回应，他/她非但不会受伤，反而是窃窃自喜，因为他/她可能会觉得对方默认自己言之有理，且对此做了妥协。

语言暴力是语言行事能力的一种典型表现，即在这种情形下语言并非为了理性表达思想，而是给别人造成精神伤害。冷暴力是语言的一种缺省，因此也与语言有关，其言外之意也导致伤害，也是语言行事能力的一种表现。

人类语言的产生，于内是满足思想之需，于外是为了交流。至于语言与暴力扯上关系，想必在人类进化史上是比较晚的事情。

强悍的文本

毋庸置疑，人类产生语言后很长一段时间才有了文字，文字的产生弥补了口头语言转瞬即逝的缺陷，有效记载人类的经验和思想，人类文明因此得到繁荣发展。

较之口头语言，文字显得更为正式，因此它的意义远大于它所承载的信息。例如，你口头向你心爱的姑娘表达爱慕远不如一封情书表现得那般郑重。当然，因为时下网络的发展，人们几乎已经抛弃了传统信件，取而代之的是电子邮件，但是，用电子邮件写情书可能会比较怪，发短信嘛，似乎也显得不够正式。这不得不说是一件憾事。

同样，如果一个妻子在一次吵架后向丈夫口头提出离婚，丈夫或许不会太当回事，觉得可能是妻子一时赌气罢了。若是妻子起草了一份离婚协议，那问题就变得异常严重。从这些事例可以看到文本的力量极为强大，写下来的总比说出来的更有力！

说出来的话难免会受说话人的情绪影响，表达可能未必充分，写下来的文字深思熟虑，总能表达得更为清晰。此外，说出来的话因为受听话者情绪的影响，所以对方可能什么都听不进去；写下来的文字，不管对方何时读，总是还能读到，且对方终究是有心情平复的时候。从这个意义上来讲，信件或短信比打电话或者聊天更有优势。

写出来的可以反复斟酌、润色，对之前说过的话做一定的调整，让其显得更加滴水不漏。记得有一年教师节，一家报纸的记者电话采访了我，纯属机缘巧合，并非我具有什么影响力。第二天我浏览一下报纸，发现我的谈话变得更加充实和“完美”，我近乎记不得我所说的，只记得我好像并没有说这么多。采访时我提出用了化名，或许正是如此，记者才会这么尽情发挥。

有些时候是先写出来然后才发言的，这样的好处是更能确保所说的内容“四平八稳”，但是通常缺乏一种活泼。在某些场合下发言，你事先写下来的文字，在说之前通常需要给某个人过过目，不是因为他/她文采横溢，主要因为此人阅历广泛，思维敏锐，做事稳重，且担有一定责任。

一般而言，说出来的如果能得到正式印刷和发表，就会显得更加权威。某个人在众人面前侃侃而谈未必能令人折服，若是他/她拿出洋洋洒洒几十万字的书说这番话乃是出自自己的著作，相信会有人觉得他/她的言论“权威”了许多。当然，事情不全是如此，若是此人言而无物，夸夸其谈，只会让人怀疑出版社的水准。当然，学界不乏有学富五车却不著书立说的学者，他们说的远比有些人写出来的更令人折服。

因为出版的权威性，因此在教学中使用正式出版的教材显得非常重要，教材一方面让课程更为完整，一方面让课程显得更权威。鉴于此，有些高校还明确规定：教师不带教材上课是很严重的教学事故。但是，我觉得不带教材能教好课者绝非凡人，对这样的教师我甚是钦佩。对教师的评价，课堂质量才是关键，还是不拘泥于教材为好。另者，教师其实应该要超越教材，而不是要受限于教材。法国哲学教育奠基者蒙奇甚至说“让自己躲藏在书本后面，教师会失去权威，因为这等于放弃自己的人格。教材是为学生而写，并非教师”。

人们普遍都比较“务实”，因此认为写下来的总比说的更加“可信”。

当前，工作上的“留痕”现象背后恐怕就是这个逻辑。上级检查工作，你说你做了，领导可能仍然觉得不那么可信，问你有会议纪要没有，你若说没有就差不多等于你没做。有些单位和部门做了一些分内的工作，总要通过美篇在工作群里进行推送，这当然也是出于“留痕”的目的，而作为一项工作的开展、进度、结果，“留痕”也是必要的。

在个人交流方面，同样也存在类似的“留痕”现象。例如，群里有某个朋友让你参加网络投票，你投完票或许感觉还不够，总是忍不住要发一个投票截图。所谓“有图有真相”，截图一来让这位朋友心安，二来表明你确实付诸了行动。截图也是记录的载体，功能上与文本并无二致。

文本不光记录过去，还可以反映现在和预见未来。在这类文本中最为重要的就是人类历史，历史的意义显然不只是记录过去，通过历史，人类可以鉴古观今。新历史主义史观甚至认为根本就没有什么客观的史实，历史无外乎就是文本，文本取决于叙述者的意图、认识，甚至偏见。历史始终是人写下来的，而人要受权力的支配，因此文本显然会受权力话语等主观因素的影响。若新历史主义的观点有某些合理性，从这个角度看，文本的力量简直令人为之颤抖！

要么孤独，要么庸俗

叔本华说：要么孤独，要么庸俗。说的是人只有在独处时才真正地自由。本文不谈人生哲理，谈谈语言的“不自由”。

设想一下，你和两个朋友走进一个西餐厅，服务员走到你的跟前说：“您好！请问您几位？”你的回答可能是：“三位。”倘若你走进的是一家大排档，服务员粗声粗气地问：“几个人？”此时你大概不会彬彬有礼地回答说“三位”了吧？再比如，在西餐厅，服务员点餐时优雅地问：“先生，请问您的牛排要做几分熟？”你对此感觉良好。假如你是在嘈杂的菜市场，一个卖肉的“油腻大叔”轻声细语地对你说：“先生，请问您是要前腿还是后腿？”你恐怕会受不了吧？

以上语言现象表明：我们的话语容易受交际场合以及交际对象的

话语风格影响。也就是说，我们的话语缺乏“自由”。这种话语“自由”的丧失现象就好比是哪怕在炎炎夏日，我们也无法穿着短裤和拖鞋走进一座庄严的教堂。

大多数的人比较讨厌开会，一个主要的原因可能是单位的会议可能太多、太长。咱们中国人觉得开会嘛，能彰显事情的重要性。哪怕是倡导少开会、开短会的工作作风，通常也是要通过开会来加以强调。人们讨厌开会的另一个原因可能是当前患腰肌劳损、颈椎病的人较多，开长会委实令人难以忍受。

其实人们讨厌开会还有一个重要原因，它和语言有关，那就是开会的语言是程式化的语言，通常比较枯燥，令人兴味索然。特别是涉及人数众多的大会更是如此。不是讲话人不能妙语连珠，也不是不懂得幽默，而是讲话人往往受制于会议的语言惯例。在我们的文化里，诙谐的语言容易显得说话人不够严肃认真。

会议发言通常遵循一定的话语模式，因为这样一来，发言显得四平八稳，且丝毫不费力气。例如，工作总结报告的开篇通常要论述当下的宏观形势，强调上级部门的领导，形容工作任务的艰巨常用“攻克难关”“克服重重困难”等来形容。这样的话语本身并没什么不妥，只是人的天性有些排斥重复，喜欢标新立异。就像上班族讨厌日复一日的朝九晚五工作一样，人们也不喜欢毫无创造力的会议话语模式。若是你有足够的勇气打破这种语言惯例，使用有些诙谐的话语，通常能博得听众热烈且由衷的掌声。

语言的“不自由”不光受语境影响，也有来自语言内部的原因。例如，汉语普通话中若是一个词由两个同为上声（第三声）的字组成，前面的字通常要读成阳平（第二声），如“很好”中，“很”不念上声，而是念阳平，这种现象叫变调。再如，英语 friendship 一词中，字母 d 的发音往往被省略掉，这种现象叫语音省略。无论是变调还是语音省略都是语言“不自由”的表现。这种语言内部的“妥协”现象或是为了“省力”，或是为了整体的“和谐”。如在上面普通话的例子中，若是不变调，我们没法轻松读出“很好”一词。

不光在词汇层面上语言需要某些“妥协”，在句子层面也是如此。例如在句子中，有些成分需要重读，有些成分就得弱读。重读的成分通常是整句中需要凸显的语义信息。成分之间若是“互不相让”，都想“出风头”，就会影响句子的和谐。这就好像是交响乐团中的不同乐器组一样，彼此之间需要很好的配合。此外，句子哪个成分出现在哪个位置，有严格的规则限制，各个成分可不能随意更换。例如，汉语中“我爱吃苹果”绝不能说成“我吃苹果爱”。当然，有些时候某些成分可以转移位置，句子仍可被人接受。如上面的句子可以说成“苹果，我爱吃”。苹果作为话题，移到了句首，是句子中被凸显的信息。

语言内部的“不自由”还表现在语篇层面。你若是在写一份正式的工作报告，就不能用比较口语化的词汇和句式。例如，你就不能这么写：“去年公司有几件事比较难搞，在小伙伴们的努力下，最后还是搞定了……”假如你是以伴郎的身份在婚宴上发言，你可不能这么说：“今天我主要讲三个要点，一是祝愿新郎新娘尽快拥有他们的后代……”

人在一定程度上或许可以选择孤独，“灵魂只愿独行”嘛！“孤独”的话语似乎是“寸步难行”的。

时间“容器”

不晓得你是否有这样的感受，当你用“一辈子”来讨论人的一生时，感觉人生还挺漫长的。尽管有“人生苦短”的说法，但也只是在极个别时候心生感慨而说。人生往往充满了苦恼与忧愁，因此很多时候显得更为漫长一些。

假如你想想人生有多少年，你会觉得只有“短短几十年”，可能开始有些感叹。若是你想想人生有多少天，你甚至会有些恐慌，因为算算也就 3 万天左右。

以上讨论的现象若成立的话，是否可以得出结论：影响人们对量的感知的一个很重要的因素，是把事物放到什么样的“容器”里计量。这种“容器”就是事物的计量单位。我们对时间的感知与时间的计量单位有很大的关系。时间的计量单位越大，感觉时间流逝得越慢；时间计量单位越小，感觉时间过得越快。当然，时间快慢的感觉跟人的心理状态有很大关系，愉悦时觉得时间过得很快，痛苦却让人觉得时间过得缓慢。但是，这不是本文讨论的问题，暂且忽略。

基于我自身的感受，我感觉时间对于教师来说过得格外地快。对教师而言，一年的时间是按照学期来算的，而一学期的时间是按照教学周来算的。这样一来，时间被装进更小的“容器”里，因此感觉过得更快一些。例如，一个学期快结束的时候，难免会觉得一年的时间已经快过了一半，也就很快要过完了。同样，当在忙碌的教学中不觉间意识到已是第9个教学周的时候，意味着一个学期的时间所剩无几。

空间上的感知似乎也有类似的倾向。当你告诉别人你有一堆苹果时，别人会觉得你拥有很大数量的苹果。在你把苹果装进了几个箱子之后，你告诉别人说你有几箱苹果，相比较而言，人们会觉得“几箱”苹果似乎不如“一堆”苹果多。

我们在工作和生活上的体验也能证实这种感知倾向。假如你近期有大量的工作需要完成，要是你从未好好梳理一下共有几件事，或者是有几个方面的事情需要处理，也就是说，此时你脑海中的计量单位是“一堆”，你会有种“不堪重负”的感觉。要是你把所有的事情分成几个类别，或者直接列出分别有几件事，然后逐一去完成，你就会觉得轻松些。有学者指出，这种方法容易消除拖延症。

假设你在爬一座山，要是不做任何的计划，只顾往上爬，你会觉得很艰难。要是你做了计划，例如，一个小时内爬到半山腰，再用一个小时爬上山顶，当你快到半山腰的时候，你就会觉得胜利在望。在这种情况下，你把大山分成了两部分来计量。

计量单位是人们认识事物的一种普遍手段，笔者认为它是语言中普遍存在的一种现象。在语言学上，人们把表示计量单位的语类称为分类词 (classifier) 或量词。当然，有一些学者认为量词只是诸如汉语一类语言特有的语类，英语一类的语言不具有这样的语类。本文并非严格意义上的学术论文，故而不理会这些争论。

人们认识事物总会把它放到某一种计量“容器”里，在汉语中，一个名词选择什么样的计量“容器”是有一定限制的。你可以说“一张桌子”，却不能说“一片桌子”；你能说“一条鱼”，却不能说“一支鱼”。当然，有些名词可以跟不同的量词进行搭配，但是在语义上一定有所区别。例如，“一条鱼”是活鱼，也可以是完整的一条死鱼，

“一块鱼”指的却是一条鱼的一部分。北方人有“一尾鱼”的说法，指的一定是还能游动的鱼。再如，你可以说“一位老师”，却不能说“一位小偷”，而只能说“一个小偷”，这说明“位”较之于“个”有尊称的意义。

不同的计量“容器”影响我们对事物的感知。再次回到时间的感知问题上，在生活中，我们并非有意识选择某种计量单位来感知时间，这种选择可能是通过某一种“仪式”来完成的。例如，每年春节来临时，我们在喜气洋洋的气氛中偶尔也会有种“光阴似箭”的感慨。“过年”的仪式把时间装进“年”的容器里。

参加同学聚会也有类似的感受，若是5年一聚，每次聚会的到来总会让人感觉5年犹如“白驹过隙”一般，也会感慨人生能有多少个5年。

每年作为评委参加学生一年一度的学术活动，或者在毕业季参加毕业生合影活动，也常常令我心生“时光荏苒”的感慨。想想是不是有些过于多愁善感了！

从模块化的人说起

社会学家指出，当代人（特别是城里人）的人际关系呈现一种模块化 (modular) 的关系，简单地说，我们对别人的了解只限于他 / 她的某一身份。例如，尽管你每天早上光顾一家早餐店，你对老板的了解只限于他早餐做得怎样，几点开始营业以及几点打烊。你不会知道他家里有一个卧病在床的妻子以及 90 岁高龄的老母亲。

当然，你觉得我们跟早餐店老板没多少交集，不了解纯属正常。但是，尽管几乎每天都能见到同事，你并不觉得对同事（个别除外）有多了解。假如领导向你了解同事的情况，让你客观评价一下同事的优缺点，你或许觉得没太多话说。优点还好讲，如按时上下班，工作态度积极，与同事相处比较融洽等等，反正怎么说都不会有问题。说缺点就显得有些困难，一来是确实不太好在背后说别人不是，二来确实也没发现什么大毛病。

相比较而言，在过去那个年代，人们彼此之间的了解就比较全面。例如人们对同事的了解不局限于工作上的表现，同时还关注其他方面的情况，如他/她作为父母或者儿女的表现如何。乡下的情况更是明显，你家里有几头猪，母猪啥时下崽儿，乡亲们都了如指掌。记得小时候，隔壁的老奶奶每次看到我都会问当天我家里吃什么菜。如今老奶奶家的传统保留得也比较好，每年逢年过节回老家，老奶奶家的儿媳妇也常常过问我的情况，当然没再问吃什么饭菜，而是改为问一个月多少“工钱”。

模块化的人际关系可以给我们这样的启发：一个人总是以某一种身份出现在别人的面前。例如，在单位你是别人的同事，回到家你是家人的父/母亲，是儿子/女儿。你为人父母如何你的同事不了解，你作为同事又如何，家人也无从得知。按照这样的思路，是否可以说当你说你认识张三时，准确地说你只认识某一身份的张三。进一步地讲，你并不认识“张三”，你认识的是张三的某一“模块”，“张三”只是你脑海中的一个相对抽象的概念。若是这样想，这个问题就与语言问题有关，涉及语词与指称的问题。

在语言内部我们也可以察觉到这种模块化现象。例如，英语字母 P 在 peak 和 speak 两个词中的发音有很大不同。前者发送气音，后者发不送气音，两个具体的音素实质上属于更抽象的概念 /p/ 的两种变体，语言学家把 /p/ 称为音位，把它的变体称为音位变体。speak 中的 p 之所以发不送气音是受了 s 的限制。也就是说，一个音位在不同发音环境中总是以某一种“身份”出现。我们并非听到 /p/，它只是一个抽象的概念，我们听到的是 /p/ 的某一个“模块”。甚至“语言”本身也是一个抽象的概念，我们听到的或者说出的只是“语言”的某一个“模块”，即具体的“言语”（语言学家索绪尔区分了“语言”与“言语”的概念）。

“模块化”的想法会导致我们得出一个结论：名称（或者名词）可能只是大脑中的一个抽象概念，在现实世界（或者言语中）我们只能找到它的某一个“模块”，而不是它本身。若进一步去想，这种想法可能会导致一个悖论：我们根本无法指涉客观事物。

假如你按照脑海中“花”这个概念在你周围为别人指出“花”来，你就遇到了问题。因为你指的可能是玫瑰花，也可能是百合花，是“花”的某一个“模块”，却不是“花”。

“那好吧，”你对自己说，“那我就指一朵玫瑰花好了。”但是，你可能又遇到了新问题，因为你看到的可能是红玫瑰，而不是“玫瑰”。你只好再次做出让步（当然你可能不会这么无聊），心想：“干脆找一朵红玫瑰好了。”可是，你指的可能是一朵卡罗拉红玫瑰（并非严格的生物学分类），而不是“红玫瑰”。以此类推，你会陷入无休止的概念“倒退”中。

果真这么想，可能这个问题就已经涉及哲学的范畴了。当然，我们才不会费这个脑筋，且不说我们实在没法辨别那么多品种的玫瑰了。

为什么你总被惦记

前不久，一个在中学任教的同学在我面前抱怨说他工作非常累，因为他一个人要干许多活。除了上课外，他既当科组组长，又当班主任，主要还经常被领导叫去负责学校各种材料整理和建设工作以及处理一些突发的事务。此外，有一个毕业生，在政府部门工作已经有几年时间，当聊起工作，她跟我说所在的科室很多活都是她干的，经常加班加点，对此也有些苦恼。

以上例子说的是一种很普遍的现象：在一个单位或者一个部门里总会有个别人常被指派很多活，是工作上的“主力”。人们对此习以为常，总把“能者多劳”挂嘴边。本文无意对此现象做价值判断，尝试从一个新的视角客观地揭示事情何故如此。

为了较好地说明问题，我们不妨做一个简单的实验。给你展示一张卡片，卡片上写着一个词：鸟，接着你想想此时脑海中不自觉想起的是什么样的鸟。你可能会想到麻雀，又或者是燕子。当然，你不大可能想起鸵鸟或者企鹅。这个实验显示，“鸟”这一类别中不同成员的地位是不一样的，总有极个别种类的鸟更好地表征“鸟”这种动物，即“鸟”的典型。

当然，何种鸟类是“鸟”的典型跟不同文化以及个体成长经历有关。语言学上有一种原型范畴理论对这种现象进行解释。假如在你的认知中，“麻雀”是“鸟”的典型，我们就把麻雀叫作“鸟”的原型成员。

回到以上例子中，忙碌的老师和能干的毕业生即单位和部门的“原型成员”。也就是说，当校长想起“教师”的时候，率先映入脑海的是那位老师；当部门领导想起“下属”的时候，最容易想起的是那位毕业生。“原型成员”具有显著特征，主要是业务精湛，能力强。例如当你想起“湖人队”，你首先想到的是科比（尽管退役了），当一个孩子想起《西游记》时，脑海中浮现的画面一定是孙悟空。

当然，业务能力强不一定能成为“原型成员”，高度的积极性和责任感也是重要的显著特征，有些时候“原型成员”乃“不善于说不”

所致。这就能解释为何单位里个别人能力很强，但并不很忙，有些人能力不是最优秀却整日忙忙碌碌。“麻雀”作为“鸟”的原型成员经常会被想起，不过只是被想起，倒不会对“麻雀”有什么影响。假设是在马戏团里，驯兽师在考虑找一只鸟来完成一项训练任务，这种情形下，鹦鹉就可能是“原型成员”了。若是每天都有训练任务，你该知道鹦鹉有多累和无奈了吧？

人们对其他事物的认识通常要以原型成员作为标准，所认识的事物越是接近原型成员的特征，就越能被接受为同一类别事物。“苹果”通常是“水果”的原型成员，你按照苹果的特征去比对“香蕉”的特征，觉得香蕉绝对是水果，且还是比较典型的水果。假如你比对一下“西红柿”，你当然觉得西红柿不算水果，而是蔬菜。

这种“原型比对”策略对工作安排有所启发。领导在考虑哪些工作应该由哪些人员去完成时，应该进行“原型比对”。有些工作不一定都得找“原型成员”，可以考虑哪个成员接近“原型成员”的显著特征，若是特征比较接近，就把任务指派给他/她，这样就不会产生“超能孺子牛”。除此之外，要努力培育全体成员的“显著特征”，也就是调动全体员工的积极性。否则，你的“水果”团队里就会有许多“西红柿”，当你要准备上水果的时候就会有捉襟见肘的感觉。

事物通常可以被分成不同的子类，每个子类都有原型成员。例如“鸟”可以分为“鸣禽”“猛禽”等子类。“鸣禽”擅长鸣叫，“猛禽”擅长捕食。前者的原型成员可以是某一种燕雀，后者的原型成员是某一种鹰雕。你要是想听悦耳的鸣叫，就得找燕雀，而不是鹰和雕。

在一个团队里也是如此，所有成员根据显著特征被分为许多子类，也就是所谓的工作分工。按照不同的子类挖掘“原型成员”，同时培养接近“原型成员”的成员，让最适合的人做最适合他/她的工作。这样，团队就会富有活力和凝聚力，可能就不会存在像那位毕业生所说的那种情况：科室里的活几乎都是一个人在干。

不说

常言道：“言多必失。”表面看来，“失”似乎是“言多”直接导致，即不中听的话包含在说出来的话语中。但若仔细想想，很多时候“失”可能不是因为所说出来的话本身出现了问题，相反，往往是没说出来的话让人不悦。

举一例来说明：假如A君有一次没把事情做妥当，B君说：“你怎么老是把事情搞砸？” 相信A君听完B君的话感觉极其不悦，不仅仅是因为做错事让人批评，更是因为B君话语中包含不言说的含义：你一直把事情弄糟。这是语言的一种预设。相信A君不会每次都把事情弄糟，通常的情况是，只要有那么几次没把事情做好就能诱发“老是把事情搞砸”这样的话语。

因此，话语交际中不言说的内容同样具有重要的意义。交际中，人们可以确保说出来的话语本身的信息符合自己意愿，但经常疏于避免非言说的会话含义。这可能是“言多必失”的主要原因。

记得一次在饭桌上，有一个朋友夸奖当晚请客吃饭的另一朋友说：我很佩服xx的情商，这是他拥有这么广人脉的原因，不像我，情商极低。至此，他的话语令人愉悦，但随后就出现了一点问题。他接着细说他如何如何只跟领导说问题，不说成绩，让领导很不高兴。最后来了一句：我这人嘛，不像别人那样会拍马屁。

相信说话人并无此意，但客观地讲，他的话语很容易产生一个言外之意：之前夸奖的高情商可能是指“拍马屁的功夫”。这是典型的“言多”致“失”，但是，“失”的含义并非言说部分所承载的内容。

以上事例是日常话语常见的现象，我们根本无法逃避，除非我们选择不说。

很多时候日常语言的预设并不符合严格的逻辑。例如，当你说“我以前很傻”的时候，别人容易理解你的意图是说现在的你比较聪明。但是，从逻辑上讲，“以前傻”直接蕴含的是“现在不傻”。然而，“不傻”并不等于“聪明”，理由是“傻”与“聪明”的词义并非完全互补，允许有中间状态存在，笔者就处在这个中间状态。互补的是“生”和“死”这一类词，因为否定“生”则必然是“死”，不存在“不生不死”的状态。

从这个意义上讲，日常语言是极不严谨的，难怪哲学史上有一些逻辑哲学家试图构建一套逻辑人工语言。语言的预设当然不光只涉及某一组语义对立的语词，有些时候是一种更为宽泛的语用现象（如上面吃饭的例子）。例如，如果你发表演讲倡导读书的重要性，听者自然而然会认为你可能觉得自己饱读诗书。但事实上你演讲的意图可能是：把自己的一点读书体会与别人分享，寻求共同成长。

这种语用上的预设导致生活中评价别人总是比较困难的。例如，妻子炒了一个菜，丈夫品了一下觉得味道很咸，如果丈夫有些不客气地说：怎么炒得这么难吃？妻子可能会回一句：你怎么不炒？言外之意是她觉得丈夫的意思是要是他来炒菜味道一定很鲜美。可是，从逻辑上讲，抱怨妻子这个菜没炒好不能预设丈夫就炒得好。这个事例也告诉我们，若是参加了朋友的家宴，无论女 / 男主人亲自做的菜肴多美味，回到家也绝不要在自己爱人面前对此赞不绝口。

有些时候，评价别人不能预设说话人某一方面的能力，但却反映出说话人对某个问题的看法和评判标准。例如，如果你告诉别人你觉得崔健的歌很不好听，当然不能预设你的歌唱得比崔健好，但是这种评价却反映了你对音乐的评判标准（至少不喜欢摇滚）。假如有人告诉你他/她喜欢慕容晓晓的《爱情买卖》，你当然也能知晓他/她的音乐偏好，若是要给他/她点歌，应该不要点许巍的《蓝莲花》了吧？

任何对别人的评判都在一定程度上反映评判者自身，乃是语言预设功能使然。因此，对别人品头论足不是明智之举，智者通常虚怀若谷，总能洞察人性之不足而宽容待人。

佛家的修行里有“止语”一说，也称“闭口禅”，有“心止”、“口止”两个方面，其中，“口止”说的就是语言的修行。我们应该从中汲取智慧。

说 不

昔日同窗好友、我下铺的兄弟张文先生读了拙文《不说》，希望我再写一篇《说不》，对此我没有说不，于是就有了这篇小文。

在我们的传统文化里，“说不”是不太容易的事情。因此，“学会说不”倒成了心灵鸡汤一类文章所探讨的一个主题。

当然，不管你愿意与否，生活中总会遇到非得拒绝的情形。例如，有人邀约你去做你极其厌恶的事情，或者请你帮忙做一件完全超出你能力的事情，因此，你除了拒绝别无选择。当然，你可以选择说不的具体方式。不轻易说不的人通常会选择比较委婉的拒绝方式，“也不是不可以，可是……”这样的句式就比较妥当。说两个“不”，外加一个“可是”比单说一个“不”似乎容易让人接受一些。

不幸的是，无论你选择怎样的拒绝方式，显然也无法彻底消解被拒导致的不快情绪。很多时候，别人可能会过度解读你的拒绝。假如你出于某种原因偶尔拒绝了一次老板交待给你的任务，他/她可能会认为你不配合工作。从逻辑上来讲，这就是一种过度解读。因为你拒绝的只是很多项工作任务中的某一项，而“不配合工作”的结论似乎隐含了“你拒绝了很多次”的解读。用逻辑式可以对此做出区分：

a. 存在一个 x，x 是工作任务，你不 执行 x。 客观情况

b. 对于所有的 x，x 是工作任务，你 不执行 x。 老板解读

以上逻辑式中 a 是对你一次拒绝的逻辑描述，属于特称判断；b 却是老板的解读，属于全称判断。之所以存在这种差异是因为生活中人们往往以偏概全地看待问题，这是偏见和冲突产生的一个重要原因。宽宏大量、善解人意之人全因为他们能做到客观、全面、公正地看待问题。

“说不”不光指拒绝别人的要求或请求，也包括批评或否定别人的观点或表现。同样，也是出于面子问题，人们往往选择在说缺点前先谈点优点，这在会议中颇为常见。尽管被批评的人总能够察觉到说缺点才是主要目的，说优点只是为了暖场，但是人们似乎也愿意接受

这样的话语模式。这跟汉语表达习惯也比较一致，我们习惯把重要的信息放到后面讲。

尽管人们都意识到后面的信息总比前面的信息重要，人们也不会选择先把缺点说一通然后再说优点，以此向对方传达说话的意图主要是为了表示肯定。事实上，在这种情况下，肯定部分的内容可能被认为是为了平缓尴尬的批评气氛而采取的策略。

如果真想让你的表达听起来是肯定的意图，你最好是对缺点只字不提，或者如蜻蜓点水一般讲得不痛不痒。这能解释为何很多事情总是无法得到充分、透彻的讨论，以此使问题得到解决。这也能解释为何有些会议虽然开得郑重其事，会后人们对那些议题却没半点印象。

以上观察若还算合理，这表明一旦某种话语习惯被社会普遍采用，形成一种话语套路，个人往往难以摆脱。但是，率真耿直之人总能打破这种了无生气的话语模式的束缚，犹如一股清流，滋养我们的语言。

差异的诞生

学英语的人大概都知道美式英语和英式英语有很大不同，其中比较明显的一个方面是词汇的差异。例如，美国人把秋天称为 fall, 英国人却用 autumn, 美国人的 apartment 即是英国人眼里的 flat。美国是一个移民国家，加之美国人崇尚新事物，因此，有些人难免会认为美式英语和英式英语的差异乃是美国人“创新”所致。

美国人发展出新词汇这点不假，但是，却不全是如此。有些词汇是美国人保留下来的古英语用法，反倒是英国人因为发展出新的词汇而摒弃了这些旧词汇。例如，美国人 fall 的使用就是沿用了英语古老词汇的用法。

考察汉语方言也有类似的发现。例如，初到海南的人，听海南话像是听天书。但是，海南话也属于闽方言的一个分支，自然也是汉语方言。海南在古代是“南蛮之地”，远离中原文化，因此，不少人会认为海南话与北方话差异如此之大应该都是海南话变化所致。

但是，语言学家们发现海南话存有大量古汉语的用法，如，海南话用“目”不用“眼睛”，用“行”不用“走”。当然，古汉语的留存现象普遍存在于南方的方言中。古汉语的留存现象说明在某些词汇方面，变化的一方是北方方言。

语言中这种现象表明：两个事物的差异并非是一方变化，另一方保持不变所致。事实上，可能双方都有变化。这个结论也能解释生活中不少现象。

例如，人们常常抱怨某人变了，其实变化的并非只有那个人，说话人也一定有所变化。当你说你朋友变得狂妄了，你或许变得有些过度敏感了，又或者是不够包容了。再如，当你说你的朋友变得俗不可耐的时候，或许你变得有品位了，也就是说换作是以前，你可能不会觉得他 / 她俗。但最为令人伤心的事莫过于说最亲密的人变心了，即使是在这种情况下，说话人恐怕也得无奈地承认在这个过程中，自己也有了一些“变化”。

在人际交往中，当双方的变化是反向的时候，差异因此产生，在这个过程中彼此之间逐渐“疏远”；若双方的变化朝一个方向产生，那么默契就因此产生，这个过程也就是所谓的“磨合”。

当然，也有些时候是说话人变了，而不是被议论的一方。例如，当你觉得某人不帅了，是因为你成熟了，开始不喜欢这款了。也就是说你的审美发生了变化，而不是某人有什么变化。

这么说来，评判一个人是比较困难的事，因为任何对他人的评判都会一定程度上反映评判者自身。睿智的人一般不太喜欢评判别人，只会就事论事；相反，狂妄自大的人总喜欢对别人品头论足，却不知愚蠢的是自己。

从“吃饭不为吃饭”说起

咱们中国人向来是非常注重吃饭这事的，“民以食为天”嘛！吃饭的重要性体现在我们的语言中。如见面打招呼说“吃饭了没有？”，关于这一寒暄语的起源，有一种解释是说在过去老百姓吃不饱饭，因此是否已经吃了饭是大家最为关心的问题。还有一种说法是中国传统文化是农耕文化，因此人们非常关注吃饭问题。后一种解释可能比较合理，上古时期洪荒时代，人们见面寒暄问的是“无它乎？”，关心的是有没有蛇侵犯。古人见面还经常问“无恙乎？”，询问身体状况。进入农耕社会，人们逐渐关心起“粮食和蔬菜”的事。没有理由认为上古时期的人比农耕时代的人吃得更饱吧？除了寒暄语外，吃饭的重要性充分体现在构词法上，如受了委屈，我们说“吃亏”；有人犯事上法庭，说是“吃官司”；有人拿了好处费，说“吃回扣”。吃饭的重要性还体现在烹饪形式的多样性，有煮着吃的，有炸着吃的，有炖着吃的，有蒸着吃的，应有尽有。由此可见，吃饭在我们文化中有多重要。

现在人们的生活水准日益提高，吃饭已经完全不成问题。但是，“吃饭了没有”还挂人们嘴边。朋友多年未见，见了面首先是要吃饭；答谢别人帮忙也会优先考虑吃饭；欢迎新同事的形式可能也是吃饭。在这些活动中，显然请客吃饭不为吃饭。掏钱请客的人不是为了吃饭，只管吃不管付钱的人也不是为了吃饭，有时反倒还觉得吃饭是一个耗时耗力的事呢。有些时候请客吃饭的人根本就没能好好吃饭，例如请上司吃饭办事，心里七上八下，想着如何开口，忙着招呼上司吃菜，自已哪有心思吃饭？有时候被请吃饭的人也吃不好饭，例如，老板或者长辈请你吃的饭，你不晓得他们葫芦里卖什么药，你还能好好吃饭吗？相对而言，老朋友，老同学一起吃饭较之其他饭局能更好地关注吃饭，但有时难免也会因为兴致过高而把酒喝高了，完全不知道那一桌菜是个啥味道。不管是以上哪种情形，难免糟蹋了一桌好菜。由此可见，吃饭不为吃饭，吃饭成了一种仪式，或者是谈事办事的一种渠道。难怪人们把请客吃饭称为“饭局”。别人请你吃饭，你最想问的绝不是“吃什么菜？”，而是“他/她到底有啥事？”。吃饭不为吃饭，是一种“功能演变”。

功能演变现象在人类进化方面尤为明显。例如，从进化的角度来看，人的嘴巴的功能主要是摄入食物（还是吃饭的事），大概50000年前人类开始会说话，从那时候起，嘴巴的主要功能就是说话。这种变化在人类进入现代文明社会更为明显。现代的人们饮食比较有规律，吃饭集中在一天中几个时段进行。但是，一天当中无时无刻不在说话，只要有人在的地方就得说话，甚至在吃饭的时候也在说话。因为人类进化说话的需要，人的喉部往下发展，比较接近气门的位置，因此人边吃东西边说话有呛到的风险，可谓造化“弄人”。沉默会带来尴尬。例如，你在通勤车上遇到你不太熟悉的同事你一定也得说话，可以问一句“吃早饭了吗？”或者“今天活儿多不多？”。若是你啥也不说，你不担心同事会对你有看法吗？

手机是我们生活中必不可少的通讯设备。如今，手机的主要功能已然发生了巨大变化。最早的手机功能是通话、发信息，是为通讯之用。现在的手机功能极其强大，我们可以用手机拍照、上网、玩游戏、看新闻、看电影等等。这些功能的运用远远大于手机的通讯功能。手机已经成为我们生活中最不能缺少的东西，早上起来我们找手机，晚上睡前也没忘看一看手机。一天中，我们频繁使用手机做各种事情，唯独用来打电话最少。

社交软件的功能也逐渐发生演变。例如我们用得最多的微信，它的功能也在不断演化。微信最开始是一种跨运营商即时通讯终端，它可以免费发送语音信息、图片、视频等，原先的功能是用来交流和分享。现在人们较多地用微信发广告，卖商品。全民皆是微商。

功能的演变现象在我们生活中比比皆是。例如，咖啡厅主要不是卖咖啡，靠的是客人打麻将挣钱；有些书店不靠卖书赚钱，赚钱主要依靠咖啡、饮料和点心，但也是无奈之举。再如，房子功能是用来住，但是现在不少房子是用来“炒”的，土地有些也不是用来种地，而是用来搞房地产；有些旅行也不是为了欣赏美景，了解风土人情和文化，而是为了拍照和发朋友圈……

功能演变还体现在词语的使用功能上。例如，“老师”这一称谓原来一般只出现在教育界，是学生对“授业解惑者”的称呼。尽管孔子说过“三人行必有我师”，但倡导的是善于向别人学习长处的理念，人们并不随便以“老师”相称。看了时下的一些综艺选秀节目，不难发现个别明星“摇身一变”变成了“老师”或者“导师”。他们在节目中还经常以“××老师”相称，表达的是对对方的钦佩和自己的谦逊。谦逊是一种美德，理应赞赏。但是，“老师”一词被频繁用在了娱乐节目中多少有些不合时宜。

全民幽默时代

林语堂先生曾说过：我们中国人是幽默的，人们常常欢喜说说笑话，这种幽默是刚性的幽默，是基于人生诙谐的观感。在这个自媒体高度发达的时代，我们的幽默感被表现得淋漓尽致，我们似乎正进入一个全民幽默时代。

全民幽默时代的一个突出表现是段子。全民皆是段子手，段子的主题涵盖范围极其广泛，从明星绯闻到城市交通状况，从政治事件到自然灾害，应有尽有。例如，日前一场大暴雨之后，街道变水道，开车变漂流，不少人被困在回家的路上。人们通过微信提供交通信息，表达问候和关切，交警与热心市民一起给需要帮助的人们提供帮助，这一切给人温暖。此外，各种微信段子也应运而生。如，“××城市，老天喜降甘霖，普天同庆！全城机动车司机全部不约而同，把车开到街头，开到水里，人们沉浸在欢乐的海洋，……久久不愿离去。”再如，“曾经以为，有套房，有辆车，生活就已经很靠谱了，直到今天才意识到俺还缺一条船……” 困在路上的人们看此段子，噗嗤而笑，忘了被困的焦虑和烦恼，随即转发，逗乐其他不快的人们。此时此刻，段子的作用巨大。

幽默的载体不光是段子，也可以是一段视频，一张图片。人们每天都在看微信，刷朋友圈，看到最多的资讯是各种滑稽的视频和图片。视频的内容可以是一个小朋友在跳广场舞，也可以是一个大妈在跳现代舞，又或者是一个恶作剧、情景剧。人们每天花不少时间看微信，刷朋友圈，生怕错过什么好玩的东西，已然成为一种生活习惯。

此外，幽默还体现在我们日常网络交际的话语中，主要手段是网络热词的运用，其中错别字的使用尤为突出。例如，若想问“有没有？”，我们会在键盘上敲出“有木有？”，因为后者有诙谐的味道，也彰显我们年轻、新潮。若要问“怎么办？”，我们选择敲出“肿么办？”，最为厉害的是现在的智能输入法把“肿么办”作为一个语块来处理，我们丝毫不会担心敲错。

幽默诙谐的话语不光用在日常闲聊上，实质上有些时候人们也会选择这种方式来表达诉求。例如，对市政工程不太满意，又或者是对单位的政策有一些意见，人们可能会选择一种幽默诙谐的方式来表达不满的情绪。因为这样的话语比较能显得自己不慌不忙，不那么着急上火。在不明确大家对该问题的看法之前，这样的话语方式也显得比较“稳妥”。

全民幽默时代的一个鲜明特点是：幽默话语有复制功能，且复制的速度极其迅速。例如，一个段子、一个视频或者一张图片出现在某一个朋友发的朋友圈或者某一个微信群里，并且用得也还比较应景，此时我们看得津津有味，觉得妙不可言。但是，很快我们就会发现它迅速出现在不同的朋友圈和微信群里，你根本无从知道谁才是原创，谁是第一个使用。林语堂先生说：中国人人人有他自己的幽默。但是，按照现在的情况看来，我们的幽默是集体共享的。林先生还认为中国人有些过度幽默了，希望人们“稍微严肃一些才好”。

乔治·奥威尔在《政治和英语》一文中批判当时英语的堕落问题，他指出当时的英国充斥着由于人们一味模仿导致的不良语言使用习惯。他说：“因为愚蠢的思维，语言变得丑陋和不精确，反过来，语言的邋遢容易使我们的思维变得更加愚蠢。”换言之，语言与思维的相互影响被置于恶性循环中。语言的魅力体现在每一个个体独特的创造力上。奥威尔说的是语言净化的问题，但对我们是否也有一些启发？当前人们过多沉浸在诙谐话语的复制和共享中，逐渐远离严肃问题的思考和论述，是否也会逐渐影响我们的思维方式？

谈说服

人们倾向于尝试说服别人，但却不大愿意受别人劝阻。两者的最大区别在于说服别人是把自己的想法加之于人，因此产生了成就感，而受别人劝阻是自己的想法得不到认同，有受挫的感觉。说服别人是自己思想的“成功复制”，而被别人说服是自己思想的“无奈删除”。正因为此，说服别人始终是一件艰难的事情。同样，心悦诚服地接纳别人的意见也是难能可贵。人们在说不动别人的时候，说对方固执；在受别人百般劝阻而不予以采纳的时候，说对方无聊。此乃主体意识的合理防卫，一点都不足为怪。

那么，说服何以成为可能？在我看来，如果不考虑各种情感因素（如对话者的心情和对话的方式等），说服成为可能有必要满足两个条件：一是提供足够的新信息，触及对方思想的盲点；二是对方的思想还未完全成型，具有可塑性。我们举几个简单的例子。例如，一位父亲看到自己的儿子整日沉溺于玩乐而不读书，心里感到万分着急，在餐桌上对儿子进行了多次的谈话（劝阻）。设想他对孩子解释了读书的重要性，例如，读书以后才能找到一份好工作，读书才能受到别人的尊重等等。他还分析了邻居家的孩子学习成绩很好在于他的勤奋，只要好好努力，成绩肯定会好起来。而且，这位父亲的几次谈话内容大概是一样的。不难想象，通常情况，父亲这样的劝说的效果不大理想，自己的孩子还是没有用功学习。问题出在哪？依我看来，在这种情况下，这位父亲的谈话不能满足以上条件一，既不能提供足够的新信息，也未触及孩子的思想盲点。理由是孩子对父亲的那些道理都很了解，他厌学不在于他不知道读书的好处，也不在于不晓得努力就会有收获。

当然，这只是假设的一个例子，我们也不晓得这位孩子的思想盲点是什么，完全取决于这位父亲的细心观察。我们试着想象一下：或许这个孩子不学习的原因在于他觉得自主经商就不需要读书，理由是社会上很多成功的商人少年时也没怎么读书。如果是这种情况，这位父亲稍微分析一下当今社会不同以往的形势或许对孩子会有所启发。

孩子的可塑性很高，第二个条件相对容易满足。人们经常说老者很固执，更难于说服，乃是第二个条件未能满足所致。再如，人们在自己的亲人或者朋友伤心落泪之时，总会热心去安慰。很多人都会犯下这样的毛病，对着落泪之人说："我很能理解你的心情，我知道你很伤心。别哭了，坚强一些，情况很快就好起来。"仔细一想，这样的安慰基本上没有传达任何的新信息，只是传达了自己的怜悯之情罢了。聪明的做法是倾听，但是我们又有多少人能做到呢？

我们在欣赏《三国》的时候对诸葛亮说服东吴联刘抗曹成就赤壁之战的情节印象深刻，对诸葛亮的口才赞叹不已。仔细想来，诸葛亮之所以能说服东吴，并不光靠他的三寸不烂之舌，而是在于他客观地点明了形势，即满足了以上所言的第一条件。其二，孙权当时受江东复杂形势的影响正在犹豫不决，此乃满足了以上第二条件。

学者们写文章的时候都极力提出新的观点，并进行缜密的论证，以此说服同行。新观点之所以重要就在于它提供了新信息，如果是人云亦云，鹦鹉学舌，断无说服可言。之所以进行缜密的论证，就是在同行还没有对此问题形成成熟的想法时进行说服。相反，如果同行对此问题已经有了深刻的认识，甚至上升到一种理念或者信仰，那说服就更显得遥不可及了。此种情况下，再新的观点在对方看来，也是一片空谈。学界对某一观点多次进行激烈争论，且僵持不下的情况大有存在，原因恐怕就在于此吧!

说服别人很难，说服自己其实也不容易。说服了自己缺乏了说服了别人所感受到的成就感，动力不足；被自己说服虽然较之被别人说服少了一种挫败感，却并未因此而变得容易，因为更新观点对于自己来讲不经济，费力气。当然最主要是对自己认识清楚，这真的很难。

你说，我说

你讲了一个笑话，说是有人问一牧羊人为何放羊，牧羊人说为了挣钱娶媳妇、生娃，对方接着问生的娃以后做什么，牧羊人回答说他的娃还牧羊。问话的人再问娃挣了钱以后做什么，牧羊人回答说娶媳妇、生娃。你哈哈大笑，说牧羊人好傻！

弗洛伊德说没有所谓的玩笑，所有的玩笑都有真实的成分，我说这种说法也适用于笑话。

你按部就班，努力工作挣钱，养家糊口，买房买车。孩子们恰如所被期待的那样，朝着与你我近乎同样的方向努力。大学毕业后他们也将像你我一样找一份“像样”的工作，然后也一样朝九晚五，努力工作，接着买房买车，结婚生娃。

你无法接受孩子突然背起行囊说要去流浪几年，看看除了读书外能做点什么；你当然也无法接受孩子辞掉公务员的工作，然后像高更一样，说要去某一个孤岛上写生，发挥闲置很久的绘画才能。

当然，通常你的孩子也不会那样胡闹，他们还算老实、稳重，经过多年历练的他们目标也很明确：读大学，找工作，挣钱买车买房，谈恋爱，再谈恋爱，然后结婚生子。

一切都那么地合乎常理，你说这是生活本来的样子。我说，这看起来没毛病，但这生活似乎太机械化，一定有什么不对劲的地方。哦，对了，像极了笑话中那个牧羊人的生活。

你说好的生活目标是追求快乐。我说这种快乐很具体，多数情况下可以折算为金钱的购买力。假如你的月薪除了供养房子和付清所有账单，抽烟、喝酒，养育孩子，所剩无几，再养一只泰迪都觉得是个负担，你当然不怎么快乐。

你说你刚好是高薪一族，房子好几套，你家里还养了一只名犬，你抽好烟，喝名酒，你兜里总还揣有一沓钞票，电话本里还有几个麻将友。你觉得自己过得还挺快乐，但偶尔也会在夜深人静时突然觉得无聊透顶。你清晨看着镜子里的你，突然提不起兴致面对即将开始的一天，你可能是厌倦了日复一日的琐碎日常。

当然，你的调节能力很强，下沉的心情很快被公司的保安救起，你觉得他过得很失败，因此你扬起了头走进电梯。你觉得幸福是比较出来的，早上看镜子的你纯粹是矫情，或无病呻吟。又是熟悉的新一天！

有一天你若有所思地对我说，不对，总觉得生活缺点儿什么。我想了想说，嗯，缺的可能是一种超越。你问超越什么？不断晋升，收入逐年提高，生活条件越来越好，这些都不是超越吗？我说我定义的超越是对现实或者琐碎日常的超越。你一脸的茫然。

如果在某一个天气爽朗的晚上，你仰望夜空，憧憬在浩渺星空的美妙中，是一种超越；

如果你沉浸在某一本小说的情节中，想象那个主人翁就是你，是一种超越；

如果有一天你突然领悟到某位哲人的思想，并获得一种智力上的喜悦，是一种超越；

如果有一天你自己沏了一杯茶，你说在茶里看到你自己，是一种超越。

你说：矫情！

我说：你看，多简单！

家乡在远处

一

“家乡”向来是文人墨客笔下一个重要主题，几乎每一位严肃的歌手也都唱过“家乡”，因此，谈“家乡”多少有些令人惶恐。但是，“家乡”却一直也是一个你无法绕开的语词，总想着为它写点什么，这种感觉随着年龄的增长越发变得强烈。

乡亲们对返乡人的寒暄似乎总以“什么时候回来”开始，“什么时候走”而结束，中间夹杂一些对各自家里人的问候。我把这种寒暄模式归结为“寒暄二问”，不是要咬文嚼字，只是为了方便后面的叙述。

乡亲们对我的问候也不例外。但是，由于2019年春节我待在家乡的时间较长，正月初五以后在村里走动，乡亲们不再问“什么时候走？”，改为问“还没走啊？”。断然不是乡亲们巴不得我早些离开，我本人很低碳，人缘又不坏，见了乡亲几十米开外就招手打招呼，相信不会讨人嫌。

每次准备开车离开村子去办事情或买些个东西，叔叔婶婶们见到我总会问：“要走了啊？”为了避免这种尴尬，我尽量以最快的速度上车，最快的速度启动车辆，趁他们没注意就开出了百米开外。

此次住的时间长是因为在家乡感受到一种别样的宁静，加上家乡景色美不胜收，多少有些舍不得离开。妻子与孩子也有同样的感受，尽管家宅简陋，生活远不如城里方便，但是她们也丝毫没有离开的意思。难能可贵的是孩子，尽管没有小伙伴做伴，也无电视可看，却没有催促我返回海口。

每天的生活如此地简单，清晨去海边看日出，黄昏在田间看日落。中间的时间看看闲书，有些时候什么也不干，就这么让时间一点点流淌，却丝毫不觉得有多浪费，也没半点虚度光阴、无所事事的愧疚感。孩子在完成寒假作业后也读些闲书。有一天，她跟我说带回来的几本书都读完了，让我带她去一趟城里。我给她挑了一本《声律启蒙》，她随手拿了一本《巴黎圣母院》。

“寒暄二问”虽然简单，但其实道出了乡亲们对返乡人最为朴素的关心。你无需觉得这太过简单或太程式化，大家各自生活在另一端，一年见上一两次面，你不知道我的近况，我不了解你的打算，突然见上面该问些什么好呢？家乡的方言里似乎也没有诸如“你好吗”相对正式的问候语，若是有人勉强说出来，一定是受了普通话的影响。

乡亲们彼此串门通常不需要提前打招呼，从你家门口经过，看到院子里灯火明亮或者听到谈笑的声音，就上来看看，说上几句话才走，或者喝上一泡茶，闲聊一会儿。乡亲们串门的时候常常带上一点自家种的蔬菜，在村子里的那段时间，家里基本上不用买什么蔬菜。

平日里村子里没那么多新鲜事，因此，每逢春节外出人员返乡常常带来一些新鲜事，哪怕是非常琐碎的事。例如我在海边花 80 元从隔壁村渔民那儿买来 4 斤鱼一事也在村子里传开，原因是我买的是一种很便宜的鱼，通常只卖几块钱一斤。乡亲们传着传着 4 斤鱼的重量给打了个半折，变成了 2 斤。有阿姨说我在外工作久了不懂鱼了，有伯伯说我可能太善良。我对此笑而不语。

一天夜里，一只黑色的猫突然“造访”，它从窗户进来，出现在我们的床上。一家人从梦中惊醒，反倒把猫儿也吓了一跳，它上窜下跳，始终找不到出去的路，打翻了我的茶杯，直至我把门打开。第二天清晨，我跟母亲说起此事。母亲稍微打探并得知：此猫乃是一只“野猫”，它在村子里出了名，常常带几个“兄弟”，有黑的，有白的，夜里到处寻吃的。多亏那天夜里它的伙伴们没跟它一块儿进房间来。

每天晚上我会摆一张桌子在院子里泡茶喝，也常有乡亲来访，但通常喝上几口茶就走。待的时间最长的是我的发小。有些时候喝上了一阵子，我们挪一下地方，改为到他家里继续喝茶。他家里的壶大，杯子也大，喝茶显得“大气”，主人不需要常常斟茶。我的茶杯有些“袖珍”，他说茗一小口茶就饮尽了，还得放下来等待下一轮斟茶。因此，我们有必要换着地方喝茶。这当然是玩笑话，主要是要互相走访串门，有来有往，还能活动活动。

我的发小是村里为数不多的种植户中的一个，与我年纪相仿的乡亲只有他务农。村里大多数中青年都外出打工，留在村里的大多是一些老人和孩子，有些老人到城里帮忙照看孩子，因此，常年待在村子里的人其实很少。

尽管我发小种植挣的钱不多，生活过得不算宽裕，但住的还比较宽敞，家里盖有一栋两层楼房，有一个大院子。不像外出打工的乡亲，通常蜗居在城里一个租来的小房里，尽管钱挣得多一些，但是收入不太稳定，生活过得也不太体面，加上城里开支大，也没有多少积蓄。

他说这是选择留在村里的主要原因。他似乎也看出阶层间流转不易，当劳务的老乡在城里是“农民工”，多年后回到村里把“工”去掉仍然剩下“农民”，却已经成为不问农事的农民。乡亲们外出打工实属生活所迫，留下来务农的乡亲生活过得并不容易，收成好的时候卖不了好价钱，价格好的时候收成又不行。有一次他谈起村里的扶贫工作，笑着说像他这么勤劳政府对他一定很放心，没准儿认为脱贫是分分钟的事。紧接着他认真一点说，如果能得到政府的帮助，希望是一种乡村振兴项目的农业补贴。

小时候觉得家乡是个极为偏僻落后的地方，现在觉得很是感激与佩服先人的眼界和勇气，他们找了一个环境优美的好地方。从村子步行到海边只有两三分钟的路程，夜里总能听着海浪声入睡。村子南边有一条人工运河，名为太阳河，河的入海口就在村子的那片海。靠近入海口的河道上有一座外形像海鸥的大桥，极为漂亮。人们给大桥取了一个比较“务实”的名字：太阳河景观大桥，我觉得其实可以叫作“太阳鸟”。

村子西北方向是一片广袤的田野，那里留有我童年放牛的回忆。多年以后的今天，每次在城里看到绿油油的草地，我脑海中多次浮现出牛吃草的情形，而不是一家人铺一凉席，懒洋洋地晒着太阳的画面。

有人说，家乡有一种特质，你离它越远就看得越清晰，我深以为然。

二

“寒暄二问”其实也道出外出劳务者的一种心酸，他们终究是要离开，村庄总会回归寂静。留守村里的乡亲对此非常清楚，觉得外出打工的乡亲生活不属于村庄，过完年，他们就得返回城里开始新一年的忙碌。

多数乡亲在心里羡慕在外劳务的乡亲，觉得他们生活过得似乎更加宽裕和体面。逢年过节他们穿着整洁、体面的衣裳，带齐各种生活用品返乡，在此期间不需要任何的劳作，看起来完全是在“享受生活”，让人好不羡慕。在村里务农的乡亲，碰到农忙的时候，哪怕是除夕当天也得下地劳作。从田地里回家的路上，双脚还沾有少许泥巴，遇见返乡的乡亲，心中难免也会有些感慨。

闲聊中，外出劳务的乡亲不会透露城里生活的辛酸，但内心深处其实觉得自己并不属于所在的那座城市，而是属于这个村庄。因此，当有了一定的积蓄，他们就会竭尽所能，四处筹措，在村子里盖一座楼房。尽管一年当中住不了几天，但这丝毫不会挫伤心中满满的归属感和成就感。每当坐在自己的院子里的时候，觉得在城里再苦再累也是值得的。近几年，村子里房子盖得越来越多，一来是因为建材价格逐年突飞猛涨，二来是因为有关乡村建房的政策越来越紧。盖房子一事给乡亲们的压力越来越大，丝毫不亚于城里购房的压力。

对于在城里劳务的乡亲，城市只是讨生活的地方，生活的尊严与心灵的归属却在村庄里。我觉得这不是美好生活的模样。

迫于生计，村里多数人都选择“背井离乡”，他们的田地也早已变为荒地，所幸前几年有外地投资农业的老板把这些闲置的土地承包下来种植西瓜，总算是物尽其用。但是，大面积种植西瓜也给村里的农户带来一些麻烦。一方面是之前跟乡亲们廉价租来的土地也跟随着老板的承包价格上调了，因此增加了土地成本；另一方面大面积种植的西瓜整个耕作和收割的时间与农户的作物不同步，西瓜收割后，闲置的田地里大量的虫害涌入农户长势正猛的田地，因此严重影响他们的收成。

我的发小跟我说过，如果能得到政府的援助，希望是一种乡村振兴项目的农业补贴。他似乎已经看到，乡下人安居乐业的出路在于振兴乡村产业。政府应该鼓励更多的人回到乡村创业，过上体面的生活，而不是让越来越多的农民成为城里居无定所的“农民工”和四处游走的小摊小贩。

家乡在离乡人眼中总是最美的。我的家乡天空是如此的湛蓝，沙滩是那么的柔软，河水是多么的清澈。然而，留守在家乡，忙于生计的乡亲们或许会完全忽略这些。谁会在捕鱼的时候留意沙滩的柔软？谁又会在给农作物打农药的时候欣赏草丛中的落日？乡亲们无暇欣赏它的美，他们只知道要在这片土地上讨生活。

在城里奔忙的人们又何尝不是如此？我们也同样会忽略城里的景色，却也离不开这座城市。我们身在“此处”，心所向往的总是“别处”。之所以如此，一方面是生活的“离心力”所致，一方面是疲于奔波中的人们对美景根本“无福消受”，只关注“脚下的路”，无暇顾及“四周”与“高处”。

正因为如此，人们非常需要假期。依我看来，度假的全部意义是让人们把目光从“脚下”抽离出来，给生活重新注入一些养分。城里人到乡下度假现在逐渐成了一种趋势，若是专门到村庄里看看，人们会看到村里楼房林立，花草茂密，鸭鹅成群的景象，一副幸福的模样，对此城里人内心很是羡慕。若不经仔细观察和思量，人们大概不会注意到村子里人迹稀少，很多楼房大门紧闭，乡亲们其实在等着那些鸭鹅快点长大长肥，好卖个好价钱来填补家用，至于路边的那些花草，虽然还算美丽，但却少了一种生气。

三

语言在人之为人这件事上扮演很重要的角色，是了解人的一扇窗户。说到语言，总觉得乡亲们嗓门儿普遍比较大，说话声如洪钟，甚为豪放，且言语中有一种质朴的幽默感。

乡亲们从彼此的家门前经过，总会在院子门口驻步片刻，看见里屋有人，就会高声问家里吃过了没有。很多时候，院子外的人还没往里瞧，在里屋吃饭的人也会高声问外头的人吃饭了没有，并邀请进来坐坐。这是村子里最为常见的串门方式，不像城里人，登门之前还得事先知会一声，显得像是有要紧事要商量。

有些时候未见其人就闻得其声。记得小时候，邻居常常在我家院墙外面高声喊话“二侬，你妈回来了不？”且声音较为急促。有时我的嘴里恰好还含着满满的一口饭，因此难免有些慌乱。

乡亲们吵架的方式也较为有趣。吵架双方有些时候会离得较远，因此嗓门提得特别高。极端的情况是一个在村头，一个在村尾。你会觉得他们为什么要隔得这么远，莫非是使出了隔空打牛的“吵架神功”？实际上他们除了向对方控诉外，更重要的是说给左邻右舍听，让旁人理论理论，看看谁更过分，谁又是站在真理的一端。

不到一会儿工夫，两边都会迎来不少围观的乡亲。于是，双方重新整理“言路”，伴随着对对方的声声控诉，一五一十地抖落出一件件旧日往事。偶尔会有个长者出来主持公道，通常的做法是把双方都批评了一番。

争吵不会持续太久，我们也丝毫不担心会有什么严重的后果。到了饭点，随着围观的乡亲逐渐散去，双方的嗓子也开始变得有些沙哑，一场争端自然就此终止了。

明天太阳照样升起，一切又恢复了原样。

语言是一种生活形式，自然和说话者的生活环境有莫大的关系。

过去村子里各家各户都没砌什么高墙，视野整个是通透的，因此远远就能望见彼此，自然老远就相互打招呼。很多时候乡亲们手里还忙些杂活，因此邻里之间常常隔着院墙聊天。两人的距离远了，加之比较空旷，不自觉总要提高嗓门儿。

同在一个村子的乡亲往远一点儿说都是兄弟姐妹，彼此都没拿对方当外人，加之交往甚为密切，你家今晚吃什么菜，他家闺女嫁给谁家儿子，大家都清清楚楚，因此也没太多隐私和秘密。若是两家发生了纠纷，自然不会介意让旁人知道，倒是需要其他乡亲给论论公道。因此，通常情况下两家吵架会成为整个村子的焦点。

乡亲们言谈是幽默的，他们擅长夸张的修辞手法，也常常引用“典故”。如果哪家的孩子读书读得好，乡亲们会夸奖这孩子是清华北大的苗子；谈到哪个孩子“长势喜人”，个头较大，乡亲们会形容这孩子犹如一头象；假使哪个人做了一件蠢事，乡亲们会说他像是××家老五。此人是很多年前方圆几里内一个出了名的人，为人不够灵活，常常做傻事，因此所做之事成了乡亲们常挂在嘴边的“典故”。

村子里有一块空地，边上有几家小铺，是村民们打发闲暇的好去处。劳顿了一天的人们，会在这里下下棋，打打牌。很多时候，观牌者比牌局里的人要多得多。家乡话把观牌局称为“天山岭”，我无从考证此词的来源，但或许是因为旁观者清，能洞悉各方牌局情况，犹如站在高高的山岭上，局势一览无余。

“天山岭”的人因为对牌局看得清，常常比牌局中人还要急，一局牌还未结束就忍不住数落人家牌技太差，因此引发了一场争论。

听乡亲们辩论是一件有趣的事。刚开始，大家的焦点是牌局，吵着吵着，焦点已经跟牌局无关，而是关于某个人有多聪明以及另一个人有多笨的事了。若是急了起来，双方常常以识字量为凭，说自己写一个字对方肯定不认识云云，以此证明对方比自己笨。光从这点而论，乡亲们的确很重视科教。

有些时候辩论的“论题”还扩大到别的方面，例如抽烟是否有害的问题。二队的二伯是“老烟枪”，自然认为抽烟没什么问题，三队的五叔几年前戒了烟，不消说肯定是认为抽烟有害健康。二伯的证据总是比较“权威”。五叔列举的是隔壁村张大爷的例子，说他因为抽烟得了肺病而去世。总而言之，双方各自揣着一两个反例来说事，谁都有理，谁都不服谁。说着说着，双方又绕到谁比谁笨的问题上来，终究是惹了些不愉快。

不觉间，已经到了作息的时间，大家伙儿都有了困意，就各自散了去。虫儿的叫声变得更为清晰，远处传来的海浪声也变得响亮了些。

又是一个寂静的夜晚。村子里的夜很长，足够抹掉一天里一切言语上的不愉快。明日太阳再次从海上升起，乡亲们又开始了新的一天的忙碌，昨日所争论之事早就随风而去。

四

家乡是一个尊师重教的地方。

记得孩提时的每年暑假，在村子里总能听到鞭炮声，每当这个时候我和小伙伴并循声而去，通常发现并不是村里有人办喜事，原来是有哥哥姐姐考取了大学，家里人鸣炮庆祝。探知实情后难免会有些失望，结婚办喜事的人家会挨家挨户发包子和麻团，可是，孩子考取大学不会给村里发放什么吃的。当时懵懵懂懂的我们对大学没半点概念，但是对包子和麻团可是垂涎三尺。

在传统的农村家庭里，饭桌是教育孩子比较重要的场所。父亲总会在晚饭时间给我们哥俩讲讲什么是大学，考上大学有什么好处，以及谁家的孩子今年考上了什么大学，并且反复强调我们应该向他们学习。还处在说词语阶段的妹妹，在桌子旁边重复着父亲的话，一个劲儿地说：学习，学习……

在随后的几周内，考大学是村子里最为炙热的话题。孩子考入大学的乡亲心里乐开了花，哼着小曲儿，走在去往田地的路上，尽管孩子上学的花费还没个着落。孩子尚小的乡亲向其投去羡慕的目光，表示祝贺的同时心里也默念着回家好好给自己的孩子鼓鼓劲儿。

乡亲们崇文尚学并非有什么伟大的抱负，只是因为他们深知唯有读书才能改变自己孩子的命运，实现阶层的流转。他们一直认为务农是最为辛苦的工作，且难以过上体面的生活。有了这样的认识，乡亲们经常选择在田间教育自己的孩子。

仍然清晰地记得小时候我提着水桶，光着脚丫走在土疙瘩上的情形。父亲常常问我：脚疼不疼？累不累？出于倔强，我总说不疼不累。这当然瞒不过父亲，他接着告诫我：如果不好好读书，以后可能都要这么辛苦。这是一种最为朴素的教育方式，虽然没有什么大道理，但确实是一种比较有效的教育方式。现在城里的父亲经常通过讲述自己童年在农村如何如何地苦，告诫自己的孩子一定要好好珍惜现在的生活，进而发奋读书。相比较而言，这种说教略显抽象，收效甚微。

乡亲们一方面严格管教自己的孩子，一方面注重与老师交流，要么是去学校找老师，要么是在放学后把老师请到家里来吃个便饭。村里的学校只开设一、二、三年级，每个年级一个班，班级人数也就只有十来个学生。用现在的术语来讲，这是小班教学模式，但不知为何，小班教学在城里却成了教育的一种“奢侈”。

学校总共只有四名教师，我们无法得知谁是校长，谁是教导主任，谁又是普通教师。有一位教师来自本村，两位老师家在隔壁村，还有另外一位老师住在离本村两三公里外的一个小村庄。

几位老师和乡亲们都很熟悉，总能及时反馈各家孩子的课业情况。老师们非常勤劳，不光能讲好课，还能下地耕作。我仍然记得，数学老师在下课后，常常在校门口与等候多时的妻子会合，接着他们夫妻二人赶着牛，扛着犁头，一起下地去。

20 世纪 80 年代末 90 年代初，乡下老百姓特别热衷于练习武术。村子里也常有外村人来访，大家在一起吃饭喝酒，饭后切磋武术。不晓得这种习武风气是否和李小龙有关。我二年级时的语文老师除了能讲好课外，据说还会一身武功。由于学校规模太小，校园设施不足，学生在课间也无事可做。于是，语文老师偶尔向我们展示武术，博得同学们一声声喝彩。

在乡下的白天，大人们都下地去了，孩子们放学回来吃了午饭后，在村子里满处跑，从村子的这一头跑到村子的那一头。要么去田里挖地瓜，要么去池塘边抓鱼，要么去海边捡贝壳。晚饭前，大人们都回家了，孩子们就如同戴上了“紧箍咒”一般，都变老实了，乖乖地待在家里写作业。我除了做作业外，还要抄写字帖，这是我父亲的要求。父亲说古人只要识字就都能写一手好字，书写就像人的第二张脸，是读书人的标志。可惜直到现如今，我这“第二张脸”也还没有它应该有的模样，加之第一张脸也太过普通，想想甚是遗憾。

每次我在房间里写作业的时候，爷爷都会拄着拐杖站在院子门口。他就像是一名卫兵，一旦发现我的小伙伴朝我家走来，他就会警告他们别影响我写作业，让他们也回自个家写作业去。爷爷不苟言笑，加上他手里拿着拐杖，小伙伴们多少有些惧怕，远远看到爷爷就绕道而行。

尽管我学习还算认真，但是由于小时候较为愚钝，开窍较晚，成绩一直都没有起色，三年级以前各科成绩均是二三十分，每次想起田间父亲常常重复的有关读书的那番话，心里难免有些忐忑。

有一天下午放学后，我拿着老师刚发下来的语文试卷，飞奔着赶回家。“爸爸，爸爸！”我在院子外面就开始喊。进了家门没看到父亲，我拔腿就往田野那边跑。路上遇见了父亲，他接过我手里的试卷，看到我的分数是83分，故作镇定地说：“有进步嘛！”

后来父亲告诉我，那次的83分完全是个误会，整张试卷就没几道题是对的。不晓得语文老师是喝高了还是故意“放水”，以此给我一些信心。因为发试卷的前一天，父亲邀请语文老师到家里来喝了酒。

83分卷子一事的确是我小学阶段的一个分水岭，从那时起，我似乎就突然开窍了，随后各科成绩呈直线上升的态势，最终在班上名列前茅。多年以后的今天每次回想起此事，总觉得当年父亲是如此的宽容。对于我的愚钝，他是耐心十足，不慌不忙，从未过多责怪。如今的我也是孩子的父亲，但在对待孩子的课业表现方面，却少了父亲那种从容和淡定。

上了四年级后，村里的孩子就转学到隔壁村的小学，每天上学路上我们必须经过一座桥梁。我们这群小不点个个骑着一辆高大的自行车，“浩浩荡荡”，从桥上飞驰而过，河风迎面吹来，好不惬意。但是，帽子偶尔会被风吹到河里，因此，回家少不了挨一顿骂。

村里的孩子在新学校里表现还比较理想，班主任老师常常在班上表扬我们几个。他不失幽默地说："大家要向远道而来的同学学习，他们每天必须经过一座桥，但是所学的知识却没有掉到河里去。"老师的一番话逗得全班同学哄堂大笑，但我却感觉到了一种鼓励。

小学毕业后，我考上了市重点中学，这对于一个小村庄来讲是难得的事情。村里的长辈们因此常常夸我学习刻苦用功，在教育他们自己的孩子的时候特别强调我小时候的"愚钝"，以此凸显"勤能补拙"的重要性。在乡亲们的眼中，勤奋永远是最重要的品质，因为勤劳乃是农民的特质，因此他们喜欢构建一个"勤奋成才"的叙事模式，以此鞭策年幼者。为了让这种叙事变得更为合理，他们还增加了一个反例，即一个聪明但不努力的"失败者"。于是，村里一个在初中就辍学的兄长成了一个曾经极为聪明的孩子。

想想我的乡亲们在家庭教育这件事情上是如此的睿智和用心良苦！

五

一个阔别家乡多年的游子通常会觉得家乡完全变了个样，但是待的时间稍微长一些就会发现，家乡其实未曾有什么大的改变，不变的总比变的要多。这种感觉就好像是两个多年未见的同学，刚开始见面的时候觉得彼此变化很大，但是稍微接触一段时间又会觉得对方其实没多大改变。

我不是一个真正意义上的游子，我从未真正阔别家乡，一年中总能回个几次。因此，每次回家乡都不会觉得它有什么天翻地覆的变化。但是，多年以后，总有某个时刻突然又觉得家乡似乎变了许多。这种感觉就好像是一个与母亲朝夕相处的孩子，每天一觉醒来总能看到母亲张罗早饭的身影，丝毫不觉得母亲有什么变化，突然有一天发现母亲脸上有许多皱纹，头上添了好多根白发。

所不同的是，我并非感觉家乡像母亲一样日渐变得苍老，相反，它是变得越来越年轻。

村子里的小洋楼逐渐变多了起来，村道全部铺上了水泥，村里的树木越来越少，绿色让步给了钢筋水泥，村子里头听不到鸟儿声。洋楼盖得越来越大，院子因此变得越来越小，但院墙砌得高了许多，外面的人看不到里面，里面的人也瞧不到外面，可谓里外不“见”人。院子里多了和城里一样娇美的花草，少了乡下的山坡上、田野边生长的那种带有刚强气息的灌木。

村里的小孩不再三五成群满村子里跑，不再去抓泥鳅，不再去掏鸟窝和蜂窝，或者聚在村里的空地，跳皮筋，弹弹珠，他们喜欢待在凉快的家里看电视，玩手机游戏。

村里唯一的一片小空地放置一些老人健身器材，但似乎没有老人家使用这些器材，因为他们觉得这玩意儿是“花拳绣腿”，不如他们从村口走到村北来得实在。有个别老人家一大早就翻过那片林地，走到海边，在海边走走、停停，看到捕鱼的上了岸，上前看看上网的鱼儿有多少，聊了几句，才起身往家里走。

尽管村子各方面变化很大，但是村子里的学校如此地坚韧，丝毫没有变化，还是几间教室，两三个教师，全校只有两个学生，而且还是亲兄弟俩。当前像这样规模的教学点能被保留下来也算是一个奇迹。我童年骑车跨过的那条河可能是教学点得以保留的一个重要原因，毕竟这么小的孩子是没法独自过桥的。乡亲们竭尽所能，把孩子送到镇上或县城里读书，这些孩子通常是住校或者住在亲戚家里，一周回家一趟。幼儿园阶段的孩子每天在村口乘坐前来接送的校车。把孩子留在村里上学的家长实在是没有更好的办法了。

孩子考取大学在村子里已经不是什么稀奇事，毕竟只要上满了高中，大多数情况下孩子是有大学可去的。除非是有孩子考上名牌大学，否则无法在村子引起轰动。当然，每年暑假，村口还是照旧挂上孩子们考取大学的庆祝横幅，以彰显村里对教育的重视。不过由于城乡教育资源的悬殊，留在村里的孩子课业与城里孩子的差距非常大，能顺利读完高中的孩子委实不多，这是一个比较严重的问题。

相比较而言，乡亲们更关心孩子毕业后在哪里工作，月薪有多少。在过去那个年代，读书通常能够确保一份好的工作，就算收入不高，但至少能做一份稳定的工作或者谋一个官位。显然，当前的大学教育无法确保这点。尽管乡亲们对此非常清楚，但是他们仍然持有一个看法：高学位理应有高收入。这可能是乡亲们经常询问我工资收入的主要原因。为了不太打击乡亲们对读书抱有的那点儿念想，不挫伤他们培养孩子读书的热情，我通常略微往高一点儿报。但是他们的话语中还是透露出一种惊讶，想想我在“谎报收入”这件事上还是太保守了。

并非乡亲们不再重视教育，只能说教育在改变命运这件事上日渐显得无力。因为在乡亲们的眼中，读书是为了改变命运，找一份稳定的高薪工作或者进入官场谋一职位才是读书的真正目的。乡亲们的这种想法无可厚非，整个社会又何尝不是如此？

当命运的改变要靠读书来实现，读书自然就不是什么风雅之事，而是一种功利性极强的手段。这是为什么诸如“书中自有黄金屋，书中自有颜如玉”的说法一直为人们津津乐道。为了迎合这种思想，有些经典语句甚至还被讹用，最值得提及的是“学而优则仕”。此句出自《论语》，原意说的是若是学有余力，又有空闲时间就可以为官，去推行仁政。人们却常常把它理解为“学习好了就能当官”，更不用说完全忽略此句的前半句是“仕而优则学”。

既然读书是手段，致富或入仕才是目的，乡亲们最为关注的当然是后者，因此，在外经商的大老板或在外为官的领导在村子里总是最受欢迎的。每逢春节，他们的家宅门庭若市，热闹非凡。鉴于创业的不易，并非每个人都有当大老板的机遇，读书至少能让孩子脱离田地，至少能谋一生计。若是孩子足够聪慧，且运气够好，没准儿还可以干一番大事。最为重要的是，读大学是入仕的一个敲门砖。因此，务实的乡亲们丝毫不会怠慢孩子上学的事。只是，待到孩子上了大学，乡亲们似乎已经少了过去那种踏实和自豪感，心中的那根弦仍然绷得很紧。

尽管家乡有许多变化，但是在我眼中它并没有因此变得陌生，我也从未感觉自己“像是从远方来，路过这里的客人”，因为我从未真正地离开过，我见证它所有的变化。岁月的风沙给很多事物都堆积了一层尘土，只有经过擦拭，它们才能再次显露本真的光芒。因为留恋与珍爱，对家乡，我总会认真“擦拭”，去领略它固有的光芒。

晴空·碧海

一个刚学会说话的孩子抬起头看了看星空，对妈妈说："大海。"那一定是因为星空与大海本无二致。

看夜空繁星闪闪，不就是渔火点点的海上吗？万里晴空的朵朵白云不就是海上的点点白帆吗？

大海和天空一样地飘渺，一样地让人无限遐想。大海和天空一样令人心旷神怡，让人放下所有的骄傲，直面自己的渺小。

人类的智慧和才情离不开天空与海洋。古希腊人看到海上逐渐远去，最终消逝的船只，猜想地球是圆的，看到太阳被影子遮了一半，思考天体的运动规律。古希腊人因此为近代科学的发展奠定了基础。

中国人的才情远比理性强大，看到日食杜撰出天狗食日的传说。

庄周想必是见过大海，在他眼里，大鱼长出了翅膀，且硕大无比。唐宋才子观海赏月吟出“海上生明月，天涯共此时”，“但愿人长久，千里共婵娟”的佳句，休管它地球是圆是方。

星空给人力量。王尔德有诗云：“吾辈皆身处沟渠之中，然其必有仰望星空者也！”此句让我不禁想起《肖申克的救赎》中安迪从沟渠里爬了出来，衣衫褴褛，伸开双臂，对着雷鸣电闪的天空，仰面而泣。那是自由！我也曾因置身于人潮而略感胸闷气短，不自觉仰望星空而得以缓解，也曾感怀写下一句半句，难免有附庸风雅之嫌。才情虽远不可及，但感受真真切切。

有多少名曲佳作皆以星空为题材。理查德·克莱德曼的《星空》悠远、深邃，年少时一直陪伴我左右；星空照亮了郑智化的家门，让他找到回家的路；许巍在星空下唱出对心爱的姑娘的思念，唱出了别离的闲愁。

大海当然也是艺术创作的重要灵感来源。海明威以海塑造了具有“超人”意志的硬汉形象；在某民谣中，一长发垂肩的女子，在海滩上望眼欲穿，盼出海人归。孤寂，唯美！

晴空碧海，虽有天壤之隔，但其实也很近，否则我们如何说“海天一色”，朝阳又如何从海上升起？哥白尼说那不是太阳升起，是地球转动所致，但谁又去管它，我们忠于生活的直接体验，照说日出日落。

夜里躺在海滩上，你会感到无比地平静，也会感受到海天最为接近的样子。满天星星触手可及，我用手来回拨动它们，有时候用力过猛，有一些落在了海上。

儿时的夏天，常常与小伙伴抱着被子，拿着水桶，到海边捉螃蟹。在海滩上挖一小坑，把水桶置于坑内，接着把桶口的沙子抹平，在桶里抹上虾酱并大功告成。用不了一会儿工夫，螃蟹们就排着队，循着酱味的方向，整齐有序地都往桶里跑。我们要只管聊天、睡觉，守“桶”待“蟹”。

有时候睡过头了，梦里出现一女子，樱桃小丸子的头发，浓眉大眼，樱桃小嘴，长裙飘飘，走在海滩上，哼着歌谣：“谁的眼泪在飞，是不是流星的眼泪……”

突然感觉脸上一阵凉意，“咦！流星泪落在了脸上。”跃身而起，“糟了，下雨了，下雨了！”小伙伴们连忙抱着被子直往家里跑，彻底忘了水桶和螃蟹，把它们留给了深夜里的潮水。

味觉背叛与玩性不改

这个事还得从一碗苦瓜汤说起。在一次吃饭的时候，一位同事尝了尝苦瓜排骨汤，回忆起了童年时期，说那时候根本无法接受苦瓜的味道，现在倒是觉得苦瓜味道很鲜美。这一番话引发了一种有意思的观察：随着人的成长，味觉偏好发生了极大的改变，与孩童时期形成一种鲜明的对比。

例如，孩提时期的我们格外喜欢甜食，长大成人的我们多数已不再偏爱甜食了（当然还会适度享用）。可是，在孩子看来，大人喜欢的某些味道极其“奇怪”。例如咖啡是苦的，烈酒是辣的，茶是涩的，最为奇特的当然是香烟了，抽烟无外乎就是点燃一卷干草，把烟雾吸到喉咙以下然后再吐出来，在小孩看来这应该很滑稽吧？但是，这些食品确实是很多成年人的最爱。有些人美好的一天是从一杯咖啡开始的；烈酒嘛，陪伴了不少英雄豪杰，其中也不乏有些伟大的诗人；饮茶已经成了“道”；至于香烟吧，还是许多哲人的标配哩！

不晓得从生理的角度来看如何解释大人与小孩的这种味觉偏好，但是，简单地观察却能察觉到两者的本质区别。小孩钟爱的甜食给感官的愉悦刺激是直接的，咖啡与美酒，茗茶与香烟给感官的愉悦刺激并没有那么直接，是有些滞后的。

稍微具体地讲来，甜食一入口，那种甜味儿毫无保留，没有一丝的“含蓄”，肆无忌惮刺激我们的味蕾；茗茶送到嘴边，先是闻到了淡淡的茶香，入了口所带来的是一种涩味，咽了下去，慢慢感觉到口中一种回甘，极为美妙；同样，一杯烈酒落入口中，先是满口的一种辛辣味，但人们更喜欢的是口中的余味，即那种回味悠长的感觉，当然，酒后带来的那种“微醺”的感觉更是妙不可言。

有趣的是，成年人另一个与舌头有关的能力也同样有“玩味”的间接倾向，说的是我们的语言。小孩可以指着不喜欢的人说“我讨厌你”，成年人顶多会说“我不太喜欢你这样”；小孩可以说“他真笨”，大人可能会说“他不够机灵”。大人话语的韵味更多是体现在间接的表达上。

成人的饮食偏好还发展出某种文化来，这是一件神奇的事。喝酒有酒文化，饮茶有茶道文化，喝咖啡有咖啡文化和情调，抽烟倒是没发展出什么专门的文化来，但香烟却是社交场合一种很重要的催化剂，初次见面递一支烟说“你好”，难以想象如何能递一根棒棒糖来取而代之。在有些情况下，人们喜欢的并非烟酒茶与咖啡本身，而是享受一种舒心惬意、悠然自得的感觉。

尽管大人与小孩味觉偏好极为不同，但是对于某些食品的依赖程度并无二致。大人经常对孩子说“糖果不能多吃，否则会有蛀牙”，但是自己却无法抵制来自烟酒的诱惑。想想这一定给孩子的认知造成一定的困扰，因为他们实在搞不懂大人为何会有双重标准。虽然烟酒对身体有害，但是有些时候能减轻人的心理压力，也总算有些益处。

味觉偏好的改变表明人的成长对生活有了更高的要求，我们在物质享受的同时也赋予物质消费过程某种精神层面的意义。例如，人们说品茶还可以品味出人生的真谛来，即强调一种精神上的获得。但是略微讽刺的是，当下人们在精神生活方面反倒追求了物质般的享受。例如，人们在获取资讯与知识的时候偏向感官的直接刺激，忽略了精神上的滋养，所获得的感受与物质享受无异。有些人每天刷微信、抖音，更多的是为了看看某些好玩的说说、视频，这些资料于精神无益，倒是给感官一些冲击，以此乐一乐，打发无聊的时光。有些时候阅读也变成了一种猎奇，目的是了解一些好玩的人与事，并非是要追求思想上的触动与启迪。

我们似乎进入一个全民娱乐的时代，在这样的背景下，人们做许多事情都要追求新奇与刺激。网络上的文章，图片多于文字，文字按照短小的块状来呈现，以及配上显眼的标题，知识也尽可能简化。总之资讯的呈现变得越来越直观。人们开始不喜欢抽象的文字论述，不喜欢缜密的思想表述，像孩子那般喜欢更为直观的知识。哪怕是在大学课堂上，许多学生也已经无法静下心来听一堂没有多媒体的课，他们逐渐失去了耐心，他们时不时摸着自己的手机，上面有更加有趣好玩的资讯。

仔细想想，成年人的这种娱乐偏好本质上是延续了童年时期的贪玩，是玩性不改所致。童年时期，我们玩玩具，玩捉迷藏游戏，现在我们玩手机游戏，看搞笑视频，其本质并无二致。所不同的是，成年人的玩性不像小孩那么容易得到满足，于是人们不断追求各种新奇与刺激。如果没有机会和精力去玩，我们还可以看别人玩，例如我们可以慵懒地躺在自家的沙发上看电视上的真人秀，一群当红明星替代我们做有趣的游戏，我们只负责笑。

总之，我们成年人的世界很有趣，我们可以让物质生活很“精神”，也可以让精神生活很“物质”。

父亲的故事与诗

不晓得故事是不是父亲杜撰而来，诗并非父亲所作。重要的是，故事与诗饱含了父亲对我的谆谆教诲。

讲故事是较有成效的教育方式。直接的说教默认对方是做得不好的一方，而说教者站在“制高点”，多少有些“盛气凌人”的架势。故事呈现的是他人的世界，讲述者和倾听者一道从自己的角度去审视他人的事迹，从中可获得某些启示，丝毫没有强制于人的压迫感。父亲似乎深谙此中的道理，尽管他说不出什么教育高见来。

父亲高中毕业后当了几年兵，退伍后当了几年干部，先是县武装部的教员，接着是乡里的民兵营长，再后来民兵营解散后就成了村委会干部。父亲为人正直、低调，工作认真负责，更没受什么处分，但“官职”却是越当越小，这着实令人有些意外。20 世纪 80 年代，父亲与人合资办过砖厂，也办过矿厂，但都不太成功，在步入中年的时候成为一个地道的农民。

军人的直率与农民的简朴一起促成了父亲这种简单、直观的说理方式。父亲的第一个故事与读书有关，简略转述如下：

古时有一个姓朱的财主，育有一儿子，生性愚钝，换了几任先生，学业未曾有起色。过了一阵子，来了一位赵先生。赵先生第一天教了“一”字，第二天教了“二”字，朱公子很快就学会。第三天，赵先生接着教了“三”字（所谓“道生一，一生二，二生三，三生万物”）。课后，朱公子向父亲说明他已经通晓学理，没必要再让赵先生教下去了。听从了儿子的意见，朱老爷辞去了赵先生。一日，朱老爷过寿，让儿子拟一请柬送呈一位挚友，恰好也可以检验一下儿子的学识。朱老爷的挚友姓万，于是，朱公子通宵达旦，耗费纸张无数，画了一万笔“横”，最后瘫软在地，嘴里念念有词，抱怨老爹不该交了一个姓万的朋友。

讲完故事后，父亲并不着急给我讲解故事的寓意以及对我的殷切希望。相反，他通过苏格拉底式的发问激发我的思考，试图让我自己领悟出个道理来。父亲问：朱公子是不是真的学有所成了呢？我把头摇得像拨浪鼓一样。他接着问：那他为什么要辞掉赵先生呢？我想了想说：他骄傲自满。父亲竖起了拇指，接着摸摸我的头，“呵呵”笑了笑。

父亲的第二个故事和学习无关，简略转述如下：

在一个贫困的家庭里，住着两兄弟。兄弟俩凑够了钱买了一双鞋，两人轮流着穿。大哥外出打工，每天早出晚归，弟弟在家里做些手工活儿，基本上足不出户，因此，鞋子主要是大哥在穿。时间一长，弟弟心里觉得自己很吃亏，于是，每天夜里，趁大哥睡着的时候，弟弟穿上鞋子在院子里来回踱步。没过多久，兄弟俩合买的鞋子就给穿破了。

我听完后“哈哈”笑出声来。父亲顺着问道：为什么觉得好笑呢？我不假思索地说：这个弟弟太傻了，没事穿着鞋走来走去。父亲接着问：那他为什么这么做呢？当时的我不晓得如何表达，干脆说：我的鞋子如果哥哥想穿，我任他穿。我看着父亲，以为他还要说点什么。但是，父亲却拍着我的肩膀说了一句“不错！”，然后就走开了。

父亲似乎意识到过多的言语未必有益于领悟。如禅宗所主张的那样，言语很多时候无助于一个人向内反省，体悟自身。仔细回想，父亲讲述的这两个故事确实让我自己悟到了一些道理，帮助我养成谦虚向学，宽以待人的品性。

父亲阐释的诗是北宋诗人杨万里的一首说理诗《过松源晨炊漆公店》（其五），全诗如下：

莫言下岭便无难，赚得行人错喜欢。

政入万山围子里，一山放出一山拦。

父亲重点讲解后一联，解释说在诗人眼里人生就好比是爬山，跨过了一座，紧接还会有另一座山等着我们。听完后我有些不解，觉得为什么人活着要像爬山那么辛苦。父亲似乎察觉到我的疑虑，接着说诗人只是打个比方，其实不管做什么，只要努力刻苦就能做好。父亲随后问道：如果拿上学的事来说，你接着要爬哪座山呢？我告诉他是第二天的期末考试。父亲笑着说那只是一个小山丘，考上重点初中才是一座大山。

多年以后，每每想起父亲所阐释的这首诗，总能感知它更为丰富的内涵。把人生道路比喻为一个山围子，通常让人想到人生所要实现的一个又一个的目标或者人在生活中所扮演的不同角色，求学是“山”，事业是“山”，婚姻是“山”，为人父母是“山”，不一而足。这难免让人因为觉得人生不易而有些感伤。然而，现阶段的我觉得这个隐喻最为重要的启示是：我们的人生或许被拘囿在一些未知的“山谷”里，因此无法把握前行的方向。我们不该低着头盲目地往前爬，我们应该不要忘记在山峰上驻足远眺，感受“一览众山小”的豪情壮志，进而明确前行的方向！

父亲的故事与诗对我的成长产生了很大的影响，这种影响并非一蹴而就，而是在人生不同的时刻给了我不一样的感悟。我想不是因为故事与诗有什么高深莫测的大道理，而是因为它们来自父亲的口述。有人说父母对儿女讲的好些话并非马上奏效，也可能会在往后的某个时刻突然产生了作用。多年以后，我对父亲讲述的故事和阐释的诗还记得如此地清晰，或许正是应了这种说法。

我突然很想知道在那些夜里陪在女儿床边所讲述的故事，有没有那么一两个能始终伴她左右？

（此文献给父亲70岁生日）

听过无数道理仍过不好这一生

韩寒执导的电影《后会无期》中有一句经典台词：我们听过无数道理，却仍过不好这一生。表达的是心灵鸡汤的无效。要说为什么，或许有几个原因：一是好的生活主要不是按照道理来过的，需要更多的是感受力；二是听过的道理是别人家的，不一定适合我们自己；三是或许那些道理是说道理的人没能做到的，要么是仍在努力的方向，要么是“没什么说什么”。

在网上曾看到一位老师给学生谈幸福。这位老师知识渊博，口才也很好，她引用了维特根斯坦弥留之际的一句经典：告诉他们，我这一生过得很幸福！接着她说她所做的任何事都指向让自己更幸福以及在能力范围内让别人过得幸福。我必须承认她讲得非常棒，听完之后的几分钟里我内心激情澎湃，觉得要像她一样专注于对幸福的追求。但没过一会儿我觉得有一个很重要的问题仍未解决：一生要干很多事，怎样的事才是指向自己的幸福？

我丝毫没有贬低这位老师的意思，我觉得她基于自己的经历可能非常清楚什么样的事能让她自己幸福。但作为听众的我们，有着不同的人生经历，仍需要不断探索方能找到方向。少有人不知道幸福是生活的最大追求，但如何做才指向幸福才是难点。因此，从本质上说，她的感悟丝毫不能直接为我们指明方向。

此外，好的生活有些时候是“糊涂”地过，而不是按照“道理”来过。例如，对于家庭的和谐幸福而言，道理很多时候显得极为苍白，略微“糊涂”一些倒是能过得更好。有一句英语双关语特别有意思，说的是公众场合女厕所通常都在右边，男厕所通常在左边，因为“Women are always right.”这句话或许对男士略有启发。

心灵鸡汤可能出现在对的时间里方能起到作用，或许能起到“一言惊醒梦中人”的效果。对的时间指的是我们恰好对相关问题有所思考，但仍未清晰认识到问题症结所在的时刻；又或者是陷入某种思维或者情感泥潭，一时转不过弯儿来的时刻。所以，听到的“无数道理”

若都不是在恰当时间里出现，丝毫没法改变我们的生活。或许生活的感受力才是最为重要的，若是对生活近乎麻木，缺乏“认清生活的真相仍然热爱生活”的勇气与智慧，上述那种“对的时间”压根儿就不会存在，再多的心灵鸡汤也“于事无补”。

从未这般爱生活

及时行乐可能不是热爱生活的表现，因为它预示着生活是一种煎熬，主张的是一种“能开心就开心”、得过且过的应对方式，并没有真正接纳生活。生活的本质是平淡，不是追求新奇与刺激，因此，我们应该甘于平淡，在平淡中体会它的绚丽。

刘再复先生说过，文学的意义在于为人们创造幸福的瞬间，依我看来，文学即对平淡生活中某种绚丽的一种表现。文学创作高于生活，却也来源于生活，是对平淡生活的某些细节的捕捉与渲染。

及时行乐的生活就像是饭桌上的暴饮暴食。狼吞虎咽，没有细嚼慢咽，尽管能快速消解饥饿感，但显然无法细细品味佳肴的美味。细细品味能品出生活的美感来。

不知从何时开始，我日渐关注生活中的许多细节。我开始留意所经之处的任何风景，如高速公路两旁的山峦与鲜花，桥梁上俯视的江水与孤舟，清晨迎面投射的朝阳，黄昏天边露出的晚霞。我还用心欣赏任何一首自己喜欢的歌，关注歌中所唱的意境以及歌手唱出来的喜悦或感伤，我不会忽略与他人交流时对方挂在嘴角边的笑容。所有的这一切似乎都被放大，较之以往，变得如此地清晰，我的感官好像变得极度灵敏。这种感觉着实吓了我一跳。

日渐变得灵敏的不只是感官，还有我内心的感受力。我逐渐察觉到生活给我带来的许多感悟，好的、不好的都包括在里面。这些感悟给我极为强烈的表达欲望，我欲罢不能，总有写下来的冲动，可能是内心深处不想错过生活所告诉我的一切事情。

月初我去听了张学友的演唱会，演唱会结束退场的时候，我置身于拥挤的人群中，有些喘不过气来的感觉。为了缓解这种不适，我下意识地抬头望向夜空，想象自己身旁空无一物，随后感觉舒适了许多。在那时，我感觉到夜空的美好，它可以给人自由自在的感觉，无论我们身在何处。回到家我迫不及待把之前萦绕在脑海中的语句写了下来：

我被淹没在拥挤的人群里，

我近乎窒息，

我抬起头，望向璀璨的星空。

这不是一首诗，只是我脑海中闪现的一句话，我如实把它记录了下来。我也无意写什么诗歌，因为任何“写诗”的想法都令我有些惶恐，自己向来不谙韵律，且不说这个时代似乎已经抛弃了诗歌。我之所以这么做可能是怕辜负了生活给予我的感悟，我生怕错过了什么。

我生于海边，长于海边，对大海一直有着真挚的情感。因为常年在外工作不能天天看海，每次去海边都让我激动不已，总有说不完的感受，无奈自己的语言苍白，未能“酣畅淋漓”地表达出来。记得一年春节回老家，我一个人去看了大海。当我伫立在海边的时候，思绪良多，内心涌现出一种久违的喜悦。那一刻好想与人分享这种感觉，脑海里突然浮现出一句话：

孤独的人啊！

大海告诉我的，

我全都告诉你。

我一直相信自己还算是一个理性的人，但不知何时我逐渐变得如此地感性起来。理性想想，这可能是热爱生活的一种表现。我从未如此热爱生活。

繁忙的生活让生活渐渐变得无味，生活逐渐被“程式化”，人们按部就班，一件接着一件事情去完成生活的各项常规“任务”，因此，生活给我们留不下深刻的印象，每天都是如此的相同。今天不记得昨天的样子，明天也不会记得今天与昨天有何不同。这个时代的人们热衷于追求新奇与刺激，平淡的生活难以让我们感动。

我们创造生活，但其实生活也在塑造着我们。生活一直给予我们某些东西，这些东西叫“领悟”。不管是好的，不好的，还是喜悦的，悲伤的，这些领悟都是平淡生活的“味道”，若是无视这些领悟，我们就无法品味生活的真谛。

我不愿错失任何有关生活的领悟，因此我选择用文字记录一个个我留意到的瞬间。我不需要华丽的词藻，只需要及时捕捉瞬间的感受。这一个个瞬间让生活变得丰富起来，生活的回忆也因此变得更加深刻，生活的节奏也变慢了许多。

我似乎无时无刻不关注生活。哪怕是在教授语言学的时候，我也常常想到生活。例如讲到语音同化现象的时候，我想到了生活中人与人之间的关系；当我讲到语言省略现象的时候，我想到人生的“留白”（冥想）。

热爱生活可能不是挺直肩膀，拍拍胸膛说“珍惜美好时光，创造美好生活”。热爱生活可能只是低下你的头看看旁边的一棵小树苗，留意它长得有多快；热爱生活可能只是抬头看看天空中飞翔而过的一只小鸟，留意它拍打翅膀的那种洒脱；热爱生活可能只是摸摸孩子的头，随后拥着他 / 她入怀。这就好像是爱一个人不一定非得热情激昂地对他 / 她说“爱你到天荒地老”，爱一个人可能只需要静静陪在他 / 她的身旁，欣赏他 / 她的一颦一笑。

忙

同学有一次开车堵在高速路上，看着一辆又一辆车从应急车道通过，内心无数次有股冲动，想把车并往应急车道。难能可贵，最后她成功克制住了冲动，然后把这种感受发了朋友圈。

故事还没有结束，车流终于蠕动了，同学以时速 10 公里的速度缓缓行驶。大概开了两公里开外，车流再次停滞不前。这回同学的心情没那么糟糕，因为她看到半小时前从应急车道呼啸而过的保时捷就停在她的右侧。

生活中类似的事例有很多。如在等红灯的时候，当看到前方几乎没有来车的时候，常有人按捺不住跑了过去。略有讽刺的是，当闯红灯而过的人回眸一看，绿灯此时亮了起来，只见身后的人群正在不慌不忙地走了过来。

尽管理性告诉人们闯红灯不能争取到很多时间，尽管在多数情况下，人们并不真的很着急赶往目的地，快速通过人行横道却总是非常迫切的需求。同样，尽管人们知道抢占应急车道并不能明显改善拥堵问题，但是停滞不前让人难以忍受。只要“动起来”，心里就好受了一些，哪怕是向前挪动一两步。

这么看来，人们似乎非常渴望速度，讨厌停滞和等待。想想我们生活中的很多情形，我们就不难理解这种心态。当我们按下电梯按钮之后，若电梯迟迟不下，心中可能开始有些焦急。通常这种情况下，我们会把手伸向手机，因为手机可以让等待变得没那么难熬。

我们在用电脑的时候，若是一次鼠标点击没能瞬间得到反应，我们就开始有些不耐烦。严重的时候，我们会胡乱点击鼠标，以此得到一种宣泄。

记得有无数次当我把车开到小区的大门口时，却迟迟没能进门。不是我不着急，而是正前方络绎不绝通过的电动车、自行车和行人比我还要着急万分，压根儿就没有让我进“家门”的意思。起先我试着完全停稳车子，等待进门的绝好时机，但很快我发现根本等不到这样的好时机。最好的策略是保持车子缓慢向前，当车子逐渐“内切”的时候总会有些人被迫选择让行。路上的行人总是行色匆匆，忙忙碌碌！

熊培云先生说当下的人们都很忙，就像《爱丽丝漫游仙境》中的小兔子一样，不停地看表，不停地嘀咕：“我来不及了，我来不及了！”他认为这是“物欲症”所致，是“物欲症”偷走了我们的时间。熊先生把这种现象叫作“美国病”，说《旧金山纪事报》曾经嘲笑美国是个朝着微波炉大吼大叫，仍然嫌它速度太慢的民族。

然而，“忙碌”在人们心目中通常是好词，是“敬业”或者“有作为”的代名词，少有人会承认自己很“不忙”，甚至也有真不忙的人装作很忙的样子。从日常的寒暄中可窥见端倪。例如，有一段时间没见的朋友给你打电话说完事，在挂电话之前说：“最近太忙了，哪天有空咱好好聚聚哈。”想必聚聚的事遥遥无期，还是不要当真为好。当然，朋友说很忙才是重点要透露的信息。

当“忙碌”成为“敬业”或者“有作为”的代名词后，有些本不该“很忙”的职业也变得异常地忙碌，最为典型的例子是当前的中小学教师。

中小学教师颇有几分行政工作人员的样子，每天“朝九晚五”，工作期间除教学外，还要接受各层级的工作检查，有市里的，区里的，局里的。

我始终认为，教师本不该这么匆忙和忙碌的。当然，“不忙”并非“无所事事”、不务正业，而是不被过多的“杂事”缠身，这样才能花更多的精力投身于授业解惑。都说“教师是人类灵魂的工程师”，若是教师整日忙于各种与“灵魂”无关的杂事，丝毫没有时间思考关乎“灵魂”的事，“灵魂工程师”之事是非常可疑的。

好的教育应该让教师忙于提升课堂质量，忙于提升专业水平，忙于了解学生和研究学生问题，回归教育的本真，忙得其所。此外，教师需要多一点闲情逸致来读书与思考，让教育增添几分诗性。否则，如何能做得到朱熹所言：“问渠那得清如许，为有源头活水来？”以此看来，“慢”一点，有些问题将会迎刃而解！

闲

今天下午的风有些柔和，悠闲的喜鹊回旋在山林，这空山鸟语，轻风泉水吟唱，寂静悄然的天地。

空中飘洒而下的阵雨，摇曳水里荷花起舞轻盈，透过这屋檐，珠帘般的雨水，看这清凉的翠绿。

……

走在回家路上，不觉已万家灯火。

很喜欢许巍的这首《喝茶去》，主要是感受到了一种离开人间喧嚣，置身于自然的宁静与洒脱。尽管除了歌名，整首歌没有任何与茶有关的字眼，然而每次听着歌我的脑海中总能浮现出一道茶席，一壶清茶，一个人，或者两人对坐，手握一杯茶，听空山鸟语，看水里荷花。要么一个人静静地坐着，要么两人促膝而谈。忘了时间，回家的路上才察觉已是万家灯火。

空山鸟语，水中荷花，本是自然馈赠的最为普通的东西，但我们通常无暇欣赏与感受。我们看到顺着屋檐流下的雨，几时感觉到歌中所唱的“清凉与翠绿”？不是感官出现了什么问题，而是我们少有这个闲情。如此看来，想要欣赏美景，聆听妙音，我们得闲下来。

或许你认为不工作，不忙碌就可以闲下来。可是，有些时候我们放下了工作，但心并没有放下来。在这种情况下，我们根本还没真的闲下来。这种感受就好比是厨房里还熬着一锅汤，尽管你和邻居在小区里散步，心里还始终挂念着回来关火的事。

“闲下来”其实是一种心理状态，抑或是一种生活态度。尽管过于忙碌的工作会让“闲”变得不易，但是心若放不下来，哪怕是在家里闲着，也只会“闲得慌”。

闲下来并非什么都不做，只躺着睡觉，除非之前体力透支比较大，睡眠没有得到保证。闲在家里，通常我们会找些事情做，浇浇花，喂喂猫，看看电视，喝喝茶。在这些消遣活动中，品茶为最佳，看电视为最次。

鉴于当下以电视为载体的大众文化潮流，看电视除了打发时间之外，于心无益，多看通常还有害处。

品茶就不一样，它关乎心灵，不只是喝茶解渴那么简单。我不是要吹嘘说品茶前要沐浴更衣，穿上汉服，点上一炷沉香，放一首古琴曲。我无意谈什么茶道文化，一来我还没“上道”，二来我也不主张那些繁杂的茶道仪式。很多仪式通常是“花拳绣腿”，是经营茶道的商家用来忽悠别人的把戏，形式远大于内容，还是不理会为好。但是，品茶确实能让我身心放松下来。

在准备茶具，温壶醒茶，冲泡出汤整个过程中，我的内心似乎放慢了下来，整个人极为放松。久而久之，我发现自己喜欢泡茶的程度丝毫不亚于饮茶本身。若是有几个朋友一起品茶，因为专注泡茶的原因，不知不觉，我常常多听少讲，鲜有抢话、插话的现象，我日趋成为合格的聆听者。

观察茶汤也是一件赏心悦目的事，不同的茶汤给我完全不一样的感受。西湖龙井的汤色有点许巍歌中所唱的“翠绿”，武夷山岩茶的汤色就好像是上好的红酒，云南普洱的汤色犹如蓝山咖啡。我还喜欢茶汤溅落在杯中泛起的涟漪，总能给人带来美的感受。

饮茶最为享受的首先是入口前闻茶香，然后啜一小口，随后在口中停留片刻。不同的茶香带来完全不同的感觉。闻着龙井的香味，那种感觉就像是躺在绿油油的草地上闻着青草淡淡的清香；岩茶的香味相对就比较浓郁，就像是躺在花丛中扑鼻而来的花香；相比之下，普洱的香味比较“含蓄”和“厚重”，有些淡淡的药香。

常言道：“一人得幽，两人得趣。”一个人品茶，独享一份宁静，读本闲书，时间一点一点流淌，如此地真实、清晰。两个人品茶，谈笑风生，相互启迪，感受网络交际无法比拟的最为真切的交流。不管是哪种情形，都应该心无旁骛，享受“此时此刻”（许巍同名歌）。但是，若是内心不够澄明和纯真，其实难以做到这点，“闲下来”也会因此困难得多。

闲下来，当然也可以离开家出去转转，因为生活中也有一种离心力，我们时有厌倦熟悉的地方，心所向往的地方“在别处”（许巍同名歌）。年少时，比较喜欢去喧闹的地方，纯粹因为喜欢热闹和好玩。现在看来，闲下来首先要找一个“人闲”的地方，而不是热热闹闹的地方。因此，我去的地方通常是某一个小地方，要么依山，要么靠海。相比较而言，我更喜欢海边，尽管在海边长大，每次去海边都令我兴奋不已。可能的一个原因是大海的宽广给人自由的感觉。在大海面前，什么心事都烟消云散。许巍唱道“每一次难过的时候，就独自看一看大海”，想必他早已领会其中的奥妙！

去人少的地方，我们的心灵才能有敏锐的感受力。“人闲桂花落，夜静春山空。”人少的时候，连桂花落地的声音都能感觉到，这种感觉是多么的美妙。许巍歌中所唱的一定也是一个人烟稀少的地方，否则他无法听到空山鸟语，感受到雨水的清凉和翠绿。

去人多的地方，本来略有些烦躁的心会变得更加不安，根本没法闲下来。从这个意义上来说，旅行跑景点不是明智的选择，其中以人造景点为最次。去人造景点更多的是寻找新奇和刺激，于清闲、放松无益。若无奈一定得去（比如陪孩子），也应该尽量选择淡季，并且选择景区内游客通常不太注意的小地方，说不定会有意外的惊喜。当下旅游最大的讽刺是：忙碌了这么久，终于有机会去旅行，于是拖着疲惫的身体，背上行李，到外面走了一圈，最后还是带着一身疲惫回来。所看的东西是浮光掠影，没多大印象，只留下朋友圈几张相片和几十个赞。

人闲下来，才能心平气和地看看这个世界；人闲下来，才能心平气和地认识自我。大忙人的你若是问我：“整日操劳，如何得闲？”我的建议是：“偷。”哪里偷？“忙里偷。”

夕阳中的城市

夕阳中的城市不像清晨那般的骚动，劳顿了一天的人们，脚步少了一种匆忙，多了一些从容。在静谧的黄昏中，人们把一身的疲惫抖落在回家的路上。走在夕阳中的城市里，人们各自怀揣着不同的心事。

公司的业务员，穿着齐整的衬衣和西裤，领带还没来得及解下来。擦得光亮的皮鞋踩在十字路口的斑马线上，映射在鞋面上的一道夕阳，随着迈开的脚步在跳跃。他想起今天寥寥无几的订单与老板的苛责，脚步不由放慢了很多。这是离家最近的那个十字路口，他莫名地有点儿不想那么快到家。不晓得妻子是否已经下班回到了家？是否她已经做好了饭，在饭桌旁等着他？

在城里当装修工的夫妻俩，骑着电动单车，车子前面堆满了各种工具，衣服和鞋子上沾着许多斑驳的白色涂料。天气太过炎热，丈夫干脆脱了满是汗味的上衣，搭在左边的肩膀上。绿灯亮起，丈夫启动车子时显然提速过猛，车子剧烈抖动了一下。妻子的身体猛地往后拽动了一下，但她并无责怪之意，心想女儿是否已经放学回到了家，孩子肚子会不会已经饿了。

伴着夕阳回家的孩子，耳边不再出现大人敦促的话语“快点，要迟到了”，他左顾右盼，看看路上的行人，偶尔停下来看看湖里的小鱼儿，看到花池里的蜗牛，并捉了出来，仔细端详一番。突然想起书包里不太理想的考卷，心里难免有些忐忑不安，他试图想象劳累了一天的爸爸妈妈严肃的表情画面，不知说好的周末电影是否还算数。

夕阳中的城市，有无数扇即将被推开的门，每一扇门都预示着某种期待。“冷战”几天的丈夫与妻子，站在家门口，久久没有打开房门。房门的另一面是否还是一阵沉默？推开了房门，如何依旧强颜欢笑去拥抱孩子？刚刚得到晋升的丈夫，迫不及待地打开房门，猜想房门的另一边，妻子一定已经开了一瓶好酒，准备为自己庆祝。

较之早晨，黄昏其实更为接近生活。清晨的人们踏着朝阳，匆忙地走向职场，黄昏的人们伴着夕阳，慢慢地回归生活。早晨的人们如果戴上面具出发，黄昏的人们一定摘下面具而返回。夕阳中的城市，并非所有人都准时回家，总有一部分人走在去往饭店的路上。不知今晚的饭局要饮酒几杯？不知今晚的饭局能否把事情谈成？在酒精的作用下，局中人看不清生活的模样。

早晨常常为人们所歌颂，因为朝阳预示着生机与活力；黄昏难免给人些许感伤，因为夕阳预示着黑夜的即将到来。在那些不用上班的日子里，城里人迎着朝阳，离开工作的城市，去“别处”享受轻松的生活；夕阳西下的返程中，尽管对旅途有些不舍，人们却已经带回了一份喜悦和活力，他们将勇敢、坦然地面对“此处”。

朝阳的美充满了激情，催人奋进；夕阳的美却带有一种孤独美学的意味，让人平静。朝阳中的城市给人希望，夕阳中的城市则孕育着希望。

辑 二

活在信念中

苏格拉底认为“未经审视的生活不值得过”，能否说没有信念的生活也不值得过？没了信念，活着活着，就过成了别人的生活。

我们赖以生存的语言

人类对语言的兴趣由来已久，很早的时候人就在想语言是怎么来的。公元前 600 年的时候，埃及有个法老，他很想知道既然语言是神创造的，那么神创造的第一种语言究竟是什么样的语言。因此他做了一个实验，找来两个婴儿，让他们跟一群羊以及一个聋哑牧羊人在一起生活，不跟任何其他人接触。两年后， 这俩孩子就只会说一个词“bekos”，像是古弗里吉亚语里的单词（“面包”的意思）。因此，法老认为神创造的语言就是古弗里吉亚语。我们姑且不讨论这个实验做得怎么样，可以肯定的是，在很早的时候人们对语言的起源问题就已经产生了浓厚的兴趣。《圣经》里面有一个很典型的故事记载，这就是著名的巴别塔故事，在此不赘述。

若是追溯语言研究历史的话，时间也很早。世界上最早的语法研究可以追溯到公元前 5 世纪的古印度，有一个叫帕尼尼的人，写了一本古印度语的语法。当然，对语言问题研究影响最大的可能是古希腊。希腊人在哲学方面开创了先河，在语言的探讨方面也是比较早的。特别值得一说的是亚里士多德，他对主语和谓语做了区分，他还注意到动词是有时态的，而名词是没有时态的。柏拉图还探讨了语词的产生到底是有理据的还是约定俗成的。比如说我们把这个叫杯子，到底它是生来如此，你必须得叫它杯子，还是说这只是一个约定俗成的说法？

中国的古代先哲也涉及语言的讨论，例如孔子的名实说，所谓“名不正言不顺”。著名的名家代表人物公孙龙的“白马非马”说，显然也是对语言问题的阐述。北宋的欧阳修说“万物一类，人与其间，所以为贵，盖已巧其语言，又能传于文字”也算是关注到了人类语言的独特性。

海德格尔说：“语言是存在之居所，人栖息在语言所筑的居所之中。”海德格尔从哲学的高度论述语言，我还无法企及哲学的讨论，纯粹是个外行。当然，在研究语言的过程当中我的确也受到一些哲学思想的影响。钱冠连先生说，哲学家常常给语言学（语用学）研究指明了方向，相当于编织的一个摇篮，而语言学家躺在摇篮里却不自知，这说的就是哲学对语言学的影响。

我们无时无刻不在使用语言。讲话当然是在用语言，但其实倾听也在使用语言，就像海德格尔所说的，沉默也是语言的一个本质构成。我们谈恋爱用语言，谈判用语言，争论的时候也用语言。古希腊哲学家就说人是会言语的动物。其实有些时候你如果不说话，反倒会导致一些麻烦。

今天主要讲几个方面的问题。第一个问题我想讲的是人为什么会说话，这个问题也算是比较前沿的问题，但是我会简单介绍一些我所了解的情况；第二个问题是语言与思维的关系；第三个问题是语言和我们所认识的世界；第四个问题是语言的行事功能；最后一个问题要讲的是语言的遮蔽现象。

（一）人为什么会说话

我首先从儿童语言习得的角度来讲。我们大概都知道不管母语是什么语言，中文的也好，英语也好，小孩在一岁多的时候就开始说单个的词。好玩的是婴儿在刚开始说单个词的时候，你无论怎样教他说两个词他都说不了。你说“老虎”，他只能说“虎”，但你说“杯子”他却不会说“子”，而是会说“杯”。婴儿好像总是知道哪个音节才是重要的，这是很神奇的现象。婴儿可能已经懂得如何抓住重音的信号，以此判断哪个音节更重要。在我孩子不到两岁的时候，我做过这样的实验。我说“宝宝爱不爱爸爸？”她说“爱”。我再说“你是不是不爱爸爸？”你猜她怎么回答？她说“是”。孩子总能抓住句子最核心的词，这说明孩子有一个内在语言能力，也就是美国著名语言学家乔姆斯基提出的“语言天赋论”，换句话说，关于语言，有些东西我们是不需要后天学的。

关于这点有几个很重要的证据，如果语言是后天学的话，语言学习一定会有先后好坏之分，因为每一个孩子的智商和接受能力都不一样。但是，为什么无论是以什么语言为母语的孩子几乎都在同样的时间段掌握语言，没有显著的个体差异？甚至是弱智的孩子，也照样可以掌握语言，只是百科全书知识和说话的得体性等方面出现了问题，比如说他会说一些不合逻辑的事情，但是句式、语词的使用都没有问题。所以说语言天赋论是蛮有道理的，人天生就有这样的语言能力。当然，至于说什么语言，还得看后天的语言的输入。

谈到人为什么会说话这样的大问题，首先要搞清楚人类的语言跟动物的交际系统有什么区别。如果你不仔细想，你会觉得我们人类的语言声音很丰富，而动物发出声音很有限，这或许是最大的区别。但是，实际上人类的语言不一定非得说出声音来，手语也是一种语言，所以说，发出声音不是人类语言的本质。那么，人类语言与动物的交际系统的本质区别是什么呢？有很多语言学家对此进行了概括，我这里也就不展开了，就只提乔姆斯基的观点。他认为人类语言的本质在于它有一个句法的合并。比如说我拿出两个词，分别是“读”和“书”，两个词合并在一起变成了“读书”。这个动词短语再跟语词“张三”合并，就变成一个句子“张三读书。”了。句法合并就是两个句法单位合并在一起，且内部结构还有层级性的。乔姆斯基认为这个是人类语言区别于动物交际系统的最为本质的东西。人类语言的创造性全因为我们有句法合并的能力。

那么，这个能力怎么产生？人类大脑为什么会进化出这种能力？它在哪个区域？我简单跟大家谈谈我了解的情况。人们基本上认可左脑负责语言，大脑皮层大概有四个区，一个是额叶区，一个是颞叶区，一个是顶叶区，还有一个是枕叶区。在左脑额叶区有一个区域，我们叫布洛卡区，这个区域损伤的病人说话不成句，尽管说出的每个词都没问题，说明这个区域管句法。颞叶区有一个区域叫韦尼克区，那个地方损伤的病人说出来的语词没有意义，但是句子结构没有问题，并且语调也没问题，你如果不仔细听，你以为他在讲很流利的语言。因此可以确认这个区域是管词库的。我们说话偶尔会迟疑，想不起某个词是什么，可能是这个区域的词汇提取有了困难。这两个区域都是由 19 世纪的解剖学医生发现的，并以他们的名字来命名。有研究表明，人类的大脑相比较动物大脑而言，在额叶区和颞叶区这两个区域之间存在一些纤维束（fiber tracts）。粗略地讲，这些纤维束把这两个区域连接起来，形成一个环形的回路。动物的大脑缺失这种回路，新生婴儿的大脑也同样如此，但是婴儿稍微长大就发展出来，动物却永远无法发展起来。所以，认知科学家与脑科学家认为可能是因为大脑的这种构造使人类具备了句法合并能力。关于人为什么会说话这个问题，目前学界走到了这一步，当然现在的假设也没有那么牢靠，还存在很多争议的地方。至少目前这个问题已经不像以前那么神秘和遥不可及，是可以研究的问题。

（二）语言与思维

这是一个蛮有意思的问题。莎士比亚说过一句话：玫瑰不叫玫瑰，它依然芳香如故。也就是说，你叫不叫它玫瑰，你也改变不了它是一种芬芳的开花植物。语言学者以此说明语词的意义与其所指事物之间的任意性，即语词的意义是约定俗成的。但是，有脑科学家和语言学家认为语言确实对我们的思维产生影响。在澳大利亚有一个叫作 Kuuk Thaayorre 的少数民族部落，这个民族特别有趣，他们没有左右之分，只有东南西北的方向之分。所以这个部落的人的方向感非常好，比如在路上你要问他们去哪里，他们会告诉你往东北方向走多少距离去某一个地方。所以说，在方向的感知上，这个部落非常厉害，是语言训练了他们对方位的判断能力。我们一般认为某些动物，例如蜜蜂的方向感会比人类要好得多。但是 Kuuk Thaayorre 人告诉我们，实际上人类的方向感也可以变得很强大的，这全靠语言的塑造。

讲到语言对思维的影响，再说一个我们常见的例子。我们中国人用来描述蓝色的词汇没那么丰富，我们顶多会说“深蓝浅蓝”，对吧？但是在俄罗斯语里面，深蓝和浅蓝居然是两个不同的词汇，也就是说，这两个词并非由“蓝色”一词加上“深浅”一类形容词来修饰，而是两个完全不同的词汇。这么说来，俄罗斯人对蓝色的认识跟我们是不一样的。关于这点也有证据表明，大脑扫描发现，当俄罗斯人依次看到深蓝和浅蓝两种颜色的时候，大脑的反应会很大，有一个“惊讶”的感觉。中国人没有区分深蓝和浅蓝的两个词，在看到深蓝和浅蓝的色板时大脑中没有俄罗斯人的这种反应。

再讲一个有趣的实验。在这个实验中，同时给一个英国人和一个西班牙人展示一幅画，画中是一个人在看瓷器展览，当他在拍前面瓷器的时候，他屁股往后挪了一下，不小心碰倒了后面的花瓶。同一个事件，但英国人和西班牙人的描述完全不一样。英国人会说 He broke the vase（他打破了花瓶）。但是，西班人会说 The vase broke（花瓶破了）。英国人强调动作的发出者，西班牙人偏向描述发生了什么。这当然是很有区别的，比如说在法官判案的时候，陈述“他打破了花瓶”和“花瓶破了”，那简直是两码事吧？

汉语的表达很多时候也不太考虑动作的发出者，比如我们看到一块草坪上突然起了一座高楼，我们可以说“草坪上盖了一座高楼”，按道理说，“盖楼房”这个动作应该是人发出的，草坪怎么能盖高楼呢？

这些事例表明语言确实影响人对事件的描述。进一步讲，语言确实在悄悄改变我们的思维模式。

这里我想引用海德格尔一句话：“在语言上取得一种经验意谓接受和顺从语言之要求，从而让我们适当地为语言之要求所关涉。”可不可以说，语言对我们是有要求的，我们受到语言的限制，如果你要体验这个语言的话，你就是要顺从它。

关于语言对思维的影响，无论是在语言学还是心理学、脑科学或者文化研究等领域，人们都会谈一个很著名的理论假说，即“萨皮尔－沃夫假说”。沃尔夫说：“人类按照母语设定的路线去切分自然（各种范畴、概念）。”也就是说，我们用母语的各种范畴、各种概念去描述自然，描述这个世界。萨丕尔说：“真实的世界在很大程度上不知不觉地建立在语言社团的语言习惯上。”也就是说，我们的语言习惯塑造了我们对真实世界的感知。

（三）语言与我们所认识的世界

第三个问题想谈的是语言与我们认知模式的关系问题。语言与认知有着同构的关系，举一个很简单的例子，假如你要形容某个女子很漂亮，你可以说“她非常漂亮”，你若觉得表达得还不够火候，不足以表现她在你心目中的漂亮程度，你还可以说“她非常、非常漂亮”。这样的话你多用了一个“非常”来形容“漂亮”，程度就加强了一些吧？这跟我们对世界的认知方式完全一致，比如你本来有一个苹果，你再多拿一个，你拥有的苹果数量就增加了。

有些时候可以直接通过形容词重叠来加强程度，在汉语普通话里，形容词重叠是比较普遍的现象，如红彤彤、慢悠悠、匆匆忙忙等等。海南话（特别是万宁闽语）存在一种很特别的单音节形容词重叠结构，这种结构对形容词修饰的程度进行了强调，类似于副词修饰。例如可以说“这个姑娘靓，靓，靓！”很特别的是，三个“靓”无论是调值还是节奏都是不一样的，前两个“靓”的调值接近普通话中的阳平的调值，第三个“靓”的调值接近普通话中的去声的调值。第一个“靓”的节奏拉得最长，其次是第二个“靓”，第三个“靓”为最短。

前面讲的是“数量”认知在语言中的映射，再给大家说一个“距离”在语言中的映射的例子。英语的例子比较鲜明一点，假如我不赞成你的意见，我可以说“I don’t think you are right.”我还可以选择说“I think you are not right.”你觉得哪句话更委婉一点？毫无疑问，你会觉得是第一句吧？两句话的区别在于否定词 not 的位置，not 紧挨着后面的小句“you are right”，显得直接断定你是错的。然而，not 紧挨着 think，表达的是说话人的主观想法，因此显得比较委婉。同样的道理，相比较而言，“I'm unhappy today.”比“I'm not happy today.”显得心情更加低落。因为 unhappy 实际上已经是一个词了，否定成分 -un 与 happy 彻底糅合在一起，是“零距离”，所表达的意思与 sad 无异。

以赛亚·柏林说哲学研究无外乎都是从以下原则发展而来，所有事物都与特定的某一个事物相似，这与什么相似？也就是说你在研究什么或者讨论什么问题的时候，你看它跟什么相似。他说这是我们认识世界的基本模式，在语言中的确也是这样。例如，通过观察“红色的苹果”，“漂亮的女孩”，“优雅的女孩”这些结构，我们就会发现“红色”，“漂亮”和“优雅”都可以出现在名词“女孩”的前面，因此它们有相似性，因此就能把它们归为一类（形容词）。除了相似性，我们还通过对举的概念来认识世界，在语言中就能找到很多“对举”概念的语词，如“七上八下”“前前后后”“前不见古人后不见来者”等。

此外，我们很难真正客观地认识这个世界，我们一定会受到语词的概念干扰，这是语言在起作用。使用不同的概念，事件描述就大不相同。例如，看到一个人摸到电线后突然倒地了，我们会说这个人触电而倒。实际上，没准儿这个人是心脏病发作而倒下呢?

（四）语言的行事功能

我们通常认为语言是用来表达思想的，但实际上，语言有时候并非表达思想，而是帮我们做事，这是我要谈的语言行事功能。比如说奥运会开幕的时候，国家领导人宣布：奥运会开幕了。话音一落，奥运会就开始了。往小一点说，我们给新生的婴儿取名字也是语言的行事表现。

如果我看到窗户是关着，我可以选择跟靠窗户坐着的女士说“窗户好像是关着的”，尽管这是一个事实的陈述，但是那位女士会揣摩我的说话意图是请她帮忙，随后她就帮忙把窗户打开了。这个例子表明，对事实的简单陈述也可以起到行事的作用。关于这个思想英国哲学家奥斯汀提出了言语行为理论，专门讲语言的行事功能。有些时候我们会受语言模式的限制，比如说开会发言，如果是很正式的会议，你得按某个章程走，不能完全发挥你往常的言语风格。就像维特根斯坦所言，语言是一种游戏。语言本身是一个活动，并非简单地描述事物。

关于语言的做事功能，最为极端的情况是语言还可以变成一种暴力，即语言暴力。显然，这里面有一个隐喻，说话怎么变成暴力呢？因为有些话语可以给人的精神造成一定伤害。特别有趣的是，有些时候完全不说话也是一种暴力，我们称之为冷暴力。显然，冷暴力一定是发生在关系很密切的人之间的，例如夫妻，父母与子女的关系中。

钱冠连先生说，在人的一生当中，其实很多时候我们就靠几句话来过日子的。这种说法颇有道理。仔细想一想，你可能就按照某一条信念去生活。有人相信“生活不止眼前的苟且，还有诗和远方”，那么他一定会多追求一些精神上的东西。同样，如果一个人觉得生活无非就是柴米油盐酱醋，那么他就想过一个简简单单的小日子。当然，我们并不总能把这个信念用语句说出来。但是我刚才讲了，不说出来也是在用语言，只是说出来可能使之更为清晰一些。我们生活在语言当中，我们用语言来构建一个信念，并在这个信念中去生活，找到自己的精神家园。

（五）语言的遮蔽

最后我要谈谈语言的遮蔽问题。海德格尔说，语言让“存在”出场，让“存在物”显现。但是，语言也有遮蔽的一面。这种遮蔽可以是言语预设所致，预设是不容你去否认的内容。例如一个老师对一个孩子说：“你为什么课上总是这么捣蛋？” 这其实就预设了“孩子捣蛋”已经成为事实了，是不容讨论的。但是，这个孩子可能是有阅读障碍，或者是有多动症，他没法控制自己。假如是这样的情况，孩子因为不懂这些从而不知道怎么描述自己，只能默认老师的评价。

当然，最典型的语言遮蔽是谎言。在一生中，人们不知不觉要说很多谎话，尽管多数是没有恶意。我们在描述一个事情的时候，不知不觉要加入一些虚构的成分。例如，我得承认自己给孩子讲道理的时候，有些时候可能会美化一点，让它变得更合理。

还有一种遮蔽是语言内在的一个属性，我们对此无法规避。例如，当你用一个语词去描述某一事物的时候，一定不能完全地展现你所感知到的感受。此外，因为你要形成概念，就一定要剥离很多细节。因此，你的感受，通过语言表达出来之后，它一定是大打折扣的。所以说，词不达意是常有的事。从这个意义上来说，有时候沉默很重要。我们经常要在说与不说之间做个选择。有些东西不可说就选择不说，这里套用维特根斯坦的那句名言：“不能说清楚的，就应该保持沉默。”

海德格尔说“语言是存在之居所”，钱冠连先生接着海德格尔的话，说“语言是人类最后的家园”。我们的确是依赖语言而生存，我们用语言来做事，用语言构建所认知的世界。

（根据2019年10月18日在海口招摇驿的报告录音转写而成，有部分删减。）

当语言休假时

你说马路上有一堆沙子，没法开车通行，我赶过去一看，果然是好大的一堆沙子，应该是工程队搞的事。我对你的描述没有任何疑问。你说你家一楼的阳台上不晓得为什么出现了一堆沙子，我跟着你去看了看，的确是一小堆沙子，可能是昆虫干的好事。我对你的描述没有任何疑问。量词“堆”就这么被我们用来用去，我们都能理会它的意义，顺畅地交流。

昨天你家里来了一个语言学家，你把阳台上的事告诉他，我把马路上的事也说出来，他随后若有所思地问道：到底“一堆”是什么意思？多少的量才算“一堆”？我们俩面面相觑，突然不知道什么是“一堆”

了。为什么马路上的沙子叫“一堆”，阳台上这么一点沙子也叫“一堆”呢？如果我们俩把马路上的沙子运走一半，还是“一堆”吗？如果还是，工程队接着运走所剩下沙子的一半，它是否还是一堆沙子？

以上所言的问题是哲学家喜欢讨论的问题，属于哲学问题。钱冠连先生专门撰文讨论了这个问题，他指出“堆”（heap）导致的悖论如下：一粒沙子不是一堆，增加一粒沙子到尚未成堆的沙子上不会使之成为一堆，反复运用这一原则会产生悖论，即一百万粒沙子也不能做成一堆沙子。反过来，对一堆沙子做减法也一样会产生悖论。当我们从一堆沙子中减去一粒时仍然得到一堆，如此这般反复减去一粒并同时称呼（“一堆”）下去，使最开始被称为“一堆”的沙子只剩一粒，恐怕我们还得称之为“一堆”。我们无法确切地知道多少粒沙子才能算是一堆沙子，“堆”的指称因此会产生悖论。钱先生认为以上悖论之所以会产生是因为“堆”呈现出无限递增和无限递减的跨界状。任何精确的定义都无法改变这种无限递增和无限递减的跨界状发生。按照钱先生的定义，跨界状指的是对一个世界对象所包含的边界不确定的一种状态。以具有跨界状词语去指称世界的一个对象就会产生指称的模糊性。“堆”就是一个典型跨界状词语，用“堆”去指称一个对象势必导致指称的模糊性。

顺着钱先生的思路，我留意到模糊指称似乎是语词呈现出来的一种常态，是普遍存在的现象。跨界状的属性普遍存在于语词中。

例如，“一个苹果”的指称也是模糊的。究竟怎样的一个苹果才能算是“一个苹果”？其实人们对此并没有精确的标准。一个完整无损的苹果可以说是一个完美的苹果，但是，一个被咬了一小口的苹果还算是一个苹果吗？显然，我们的答案是肯定的。否则，乔布斯创立的苹果公司也不会用缺了一小块的苹果图标作商标了。问题还远远没有结束，若在被咬了一小口的苹果上再咬一小口，它还是一个苹果吗？我们的答案可能还是肯定的。悖论因此而产生，在一个苹果上咬一小口，它还是一个苹果。如此这般反复在这个苹果上咬一小口，究竟咬了多少次后，我们才能不把它称之为一个苹果。我们对此显然没有答案。当然，我们可能会把被咬了的苹果称为“一个破损的苹果”，但是这只是语言的调节功能，修饰语“破损的”丝毫没能改变“一个苹果”的事实。这样看来，词语“苹果”的指称也是模糊的，因为它也具有跨界状，即“成为一个苹果”和“不是一个苹果”间的界限是不定的。但是，“一个苹果”表现出来的跨界状只有无穷递减性，却没有无穷递增性，因为我们没法往“苹果”上增加量来检测它是否还仍然是一个苹果。

再举一例，我们习以为常的“门”，它的指称通常也是模糊的，如在“进门”“敲门”和“关门”三个语词中，“门”的所指其实是不同的。如，“进门”中的“门”并不指一扇具体的门，而是一间房子的入口或者说是该房子与房子以外空间的一个界限。事实上，哪怕是一间破旧不堪没有像样门窗的房子，当我们走进那间房子，也可以用“进门”来进行描述。我们进的“门”一定是打开的门，准确来说进门时所穿过的是门框。“敲门”中的“门”通常指的应该是闭合的门页，可以设想拜访者需要门内的人为他/她打开门。又或者是指张开的门，拜访者在门页上轻轻敲打以示礼貌。然而，“关门”中的“门”必须是指张开的门页。总而言之，上例中三个“门”各有各的所指，没有人能精确地表述各个“门”的内涵。假使我们根据词典中有关“门”的释义去寻找对应的指称对象，似乎是很有问题的。

如果仔细想想，“门”的模糊指称和“堆”的模糊指称不太相同，也就是说，“门”的模糊指称不是跨界状属性造成，因为其中涉及的并非“量”的不确定，也就是说，不存在多少的“量”才称之为“门”这样的问题。

前面讨论的是有关事物的模糊指称，若我们考查一下所发生的事件，也同样会遇到模糊指称的问题。例如，美国9·11事件中，恐怖分子对美国世贸中心姊妹楼进行了轰炸。在2001年9月11日8:46，一架被劫持的飞机撞向了北楼，随后9:03另一架被劫持的飞机撞向南楼。究竟我们把该事件视为一次恐怖袭击事件还是两次恐怖事件呢？

这样的问题不会对大众产生困扰，但是对于美国世贸中心的承租人拉里·西尔弗斯坦来说，这是一个极其重要的问题。因为若把世贸中心恐怖袭击视为一次恐怖事件，拉里只能得到保险公司35亿美元的索赔，但是，若把该事件定义为两次恐怖袭击，他将得到两个35亿美元（共计70亿美元）的索赔。拉里的律师把世贸中心的恐怖袭击视为两个事件是从物理学意义上来考虑，理由是两栋大楼先后各受到一次撞击，各经历一次崩塌；保险公司的律师把该恐怖袭击视为一次袭击却是从心理上来考虑，理由是整个袭击事件是一个阴谋的实施。

从这个意义上来说，“9·11世贸中心恐怖袭击事件”也具有一个模糊指称。尽管“9·11世贸中心恐怖袭击事件”作为世贸中心在2001年9月11日的恐怖袭击是明确的，但是对于事件的内部构成却又是模糊的。这个事件的模糊指称所反映的是事件计量的问题，不具有钱先生所谈的无限递增和无限递减的跨界状属性，因此，也不能用跨界状来加以解释。

哲学家们讨论的问题向来都不会困扰我们，因为我们不会提出那样的问题。以上所谈语词的模糊指称都是把语言视为静止的状态来讨论所致。维特根斯坦说：“当语言休假时，哲学问题就产生了。”语言学家问“一堆”究竟是什么，就是把“一堆”从语言使用中抽离出来了。在语言使用中，我们都知道“一堆”是什么意思，在交际中绝不为此感到困惑和烦恼。但是，一旦让语词静止下来，并问这个语词所指是什么？我们就糊涂了，因为哲学问题产生了。

异同

相似性与差异性是我们认识事物的两个基本概念。哲学家以赛亚·柏林认为哲学研究无外乎都是从以下原则发展而来：所有事物都与特定的某一事物相类似，这与什么事物相似？这种认识在分类学方面也比较适用，例如，生物分类学上对各种动植物的分类就是基于个体间的相似性。

在语言研究方面，相似性也起到重要的作用。在下例中，“男孩”、“决定”和“想法”三个词都可以出现在形容词“聪明的”右侧的位置，从语法结构上来讲，它们具有相似性。这种相似性使语法学家相信这几个词是同一类词（名词）。

人们都喜欢聪明的男孩/决定/想法。

差异性是相似性的对立面，然而，考量事物的相似性势必涉及差异性。在上面的例子中，若还是从结构上来看，“聪明的”与其他几个名词有各自的结构位置（差异），若是变换了顺序就会导致不合语法的表达，见下例所示：

*人们都喜欢男孩／决定／想法／聪明的。

我们熟悉的归纳法也是以事物的相似性为基础。例如，“没有人是不朽的”这个命题之所以成立是因为人们是如此的相似，有一天都会告别这个世界，我们从未见过生命不朽之人。归纳法对人类知识的积累起到很关键的作用。当然，归纳法也存在问题，那就是归纳得来的结论在逻辑上无法保真。例如，要确保“所有的天鹅都是白的”为真，我们得穷尽所有的天鹅，这显然难以做到。哲学家罗素先生用一个笑话指出归纳法存在的这个缺陷。

每天清晨农民都给鸡喂食，日复一日，农庄里的那群鸡对此早已习惯，认为这是一种客观规律。因此，每天早晨心情无比欢快地等待着主人的喂食，直到有一天，始料未及，却被主人扭断了脖子。

相似性与差异性不仅有助于认识世界，对我们理解人性以及生活也有一些启示。

差异性确保了世间万物的多样性，人们对这种多样性叹为观止，但似乎不太喜欢身边的人与自己有太大差异，例如，有些人恨不得身边的人完全认同自己的想法，对持不同意见之人往往心生不满。这是一种互相矛盾的心理。更有意思的是，人们在做决定的时候却常常有趋同的心理倾向，这种从众的心理实质上是对差异性的一种忽视。人类思想的复杂性和矛盾性由此可见一斑。

相似性是人们评判他人的一个重要衡量标准。例如，如果你接触过不少教师都是温文尔雅、酷爱读书之人（希望如此），当你见到一个学识渊博、谈吐优雅的人，你或许会猜测此人的职业是教师。又或者是当你见到一个不修边幅，满口粗话，且面目可憎之人，你会觉得此人或许是一个不法分子（至少行为不端）。这种判断显然是进行相似属性比对所致。然而，刻板印象与偏见也通常由此产生，事实上，学识渊博、谈吐优雅的人未必是教师，教师中也不乏有无学无术、语言粗俗之人。当然，样貌丑陋，语言粗俗之人未必就是坏人。

此外，人们也会按照差异性来评判别人。但是，有些时候两个人的差异并不像彼此双方所认为的那样大，例如，两个人吵架或许不是因为双方的想法有多大的差异，冲突本质上是相似的想法加上烦躁的表述（或行为）方式所致。

在交际中，当我们觉察到某人无论是对事物的看法还是处事方式都与自己不同，通常会认为此人与自己不是同一类人，明显划分了界限，这是时下常挂人们嘴边的“三观不合”言辞的主要原因。但是，若是足够宽容，并从一个更高的角度来考量，我们可能会意外地发现其实自己与他人并无太大差异，都是拘囿于某种成见的凡人，都是“看不透，参不明”的“芸芸众生”。若是有了这样的领悟，我们就更懂得谦卑与宽容。

这通常是一种难以企及的境界。

对立概念中的世界

“语词破碎处，无物存在”（引自海德格尔），语言使“存在物”呈现，是我们构建有关世界的知识的媒介。在我们的语言中，普遍存在着对立概念的使用。这样的例子随处可见，例如我们可以说“反正我就不同意这个做法”，此时“反正”一词表达了坚决的态度；我们还可以说“他死活不愿意来”，其中“死活”一词说明对方很固执。

诸如此类的语词不胜枚举，如“决一胜负”“不知好歹”“上上下下”“前前后后”等。这种语义的对立也表现在句子中，如“上有天堂，下有苏杭”，“前不见古人后不见来者”，就连厕所里的用语也在用语义对立的表达方式，如用得近乎泛滥的标语“来也匆匆，去也冲冲”就是一个典型例子。语义对立的使用，充分表明人们用对立概念去认识和言说世界的倾向。

对立概念的使用似乎在人的幼儿阶段就已经发展起来。记得我孩子三四岁的时候，有一次她哭闹很厉害，我随口说了一句“宝宝你冷静一些好不好？”，出乎我意料，她紧接着回了一句“我现在是热静，没办法冷静”。尽管没有“热静”一词，且“热”和“静”极不匹配，但此例却表明孩子已经有了使用对立的概念的思维，尽管她还不晓得“反义词”是什么。

从人类的发展来看，用对立概念去认识世界的认知倾向在初民时代就已经出现。这点认识从一些原始宗教和通俗迷信的例子中就可以探知。初民时代就产生的迷信习俗里就已经有了对立的概念，如“生死”，“黑暗与光明”。具体说来，一个文化若存在与“生”有关的迷信思想就一定也存在和“死”有关的迷信观念。同样，源于对黑暗的恐惧所产生的迷信思想也通常伴有对光明的崇拜。

此外，人们还认识到对立概念之间的转化关系（即对立统一辩证关系）。有一个说法，说的是西方婚礼习俗中的婚戒实质上象征着生命的轮回：一个孩子逐渐长大成人，接着成为孩子的父／母亲，新生的孩子终究又要长大成人，接着也会为人父母，生命如此这般地不断循环着。生命轮回本质上即“新生”与“死亡”的不断更替，从这个意义上讲，生命是一个不间断的连续体。正因为如此，生命教育绝不会缺省死亡教育部分，也没有哪个论生命意义的伦理学理论会闭口不谈死亡问题。

对立概念的使用在中国传统文化里极为常见，最为显著的当然是《易经》里的阴阳学说。阴阳学说不光解释世间万物运动变化的现象和规律，还可以解释人体的生理功能和病理的变化。中医的学问把阴阳理论用到了极致，例如中医常说“冬吃萝卜夏吃姜”。

对立概念不光存在于人类的文化和理论构建方面，它同时也作为一种思维方式普遍存在于我们日常行为中。例如，当人们在批评某人的缺点时难免会提及另一个人的优点，以此产生一种鲜明的对照。这种做法在家庭教育方面最为常见，家长在批评孩子的时候总爱用“你看看 ×× 小朋友怎样怎样”的句式，以此论证他/她的批评是多么的合理。夫妻间的争吵也常常伴有此类的对比。尽管理性告诉人们，这种对比通常给对方造成很大伤害，远不如就事论事有效果，但是，这似乎是一个不容易规避的做法。

对立概念的思维方式通常会带来一定的思维预设。例如，一个人在街道上捡起一个瓶子，接着放入垃圾桶，心里会觉得为什么这么多人路过居然都对此无动于衷，人们社会公德的观念如此薄弱，因此有些责怪之意。在这种情形下，做事情的人预设了别人的“不作为”，但事实上有可能别人碰到这种情况也会这么做。这种思维方式可能是偏见产生的一个重要因素，具体来讲，当一个人认为自己观点或做法是正确的时候，他/她会不自觉地认为有别于自己的观点或做法一定是错的。

对立概念的形成帮助我们认识世界，获取更多关于世界的知识，但是也容易使我们拘囿于某种成见中。之所以如此，是因为人本身就是一个对立矛盾体，我们不该忘记这一点。

形式与内涵

很多事情都伴有相应的仪式，例如结婚摆酒席，获奖举行颁奖典礼等等。仪式可以彰显事情的重要性，也可以留下深刻的回忆。因此，我们容易有一种错觉，以为那些仪式都是事情得以完成的必要条件。

的确，有些仪式直接使事情成为事实，例如在法庭上，法官宣判某人有罪，嫌疑人犯罪的事实因此而成立。

但是，有很多仪式只是与事情有关，并非直接促成事情。例如婚宴和颁奖典礼之类的仪式并不是事情成为事实的直接作用力。具体说来，决定两个人成为合法夫妻的是民政局的公章，而不是婚宴。同样，决定一个人获奖的并非颁奖典礼，而是某机构下发的相关文件，又或者是某一个会议的决议。

不管是不是能直接促成事情，这些仪式都显得比较重要。仪式可以说是事件的外在表现形式，事件内容本身即是它的内涵。通常情况下，形式并非直接表现内涵，这是一种普遍存在的现象。

还是拿婚宴说事，从形式上来看，婚宴似乎是一对新人结为夫妻的重要条件，但仔细想想，婚宴的内涵实质上是“庆祝”结婚这件事，也就是说它表现的是“结婚”之后的事件，而非结婚本身。颁奖典礼情况也类似，它的内涵或许也是“庆祝”或“告知”，又或者是为了鼓励获奖者和启迪他人，无论是什么，但绝不是促成“获奖”本身的直接因素。

我们说话也经常存在形式与内涵不一致的情况。例如，当有人问你：“你知道图书馆在哪里吗？”他/她的意图自然不只是想了解你是否知晓图书馆的位置，而是在问你是否愿意告诉他/她如何去图书馆。你也绝不能回一句：“我知道，怎么啦？”，因为你能准确获取说话者的说话内涵。

在交际中，我们总是可以根据语境判断语言形式的真正意图。但是，在其他一些情况下，形式可能会导致我们难以把握内涵。例如在多数的商业广告中，对产品的介绍总是精彩纷呈，赏心悦目。尽管我们知道该产品不会像宣传的那样好，但确实没法确认产品到底有多好，以及有多少言过其实的成分在里面。当然，生活的经验告诉我们，有些广告仅仅是广告而已。

形式若是有些糟糕，有些时候也会让我们无暇顾及其内涵。假如读一篇文法混乱、书写潦草的文章，哪怕文章富有深刻的思想，我们也无法顾及。每次我在修改学生毕业论文的时候，这种体会最为深刻。同样，若是某人整天夸夸其谈，且满口粗话，人们难以发现他其实也有一颗善良的心。

有些时候，人们特意关注形式，有意忽略内涵，是为了顾及别人面子。假如某人听了一场不太满意的报告，但又必须得对此做出评价。为了顾及汇报人的面子，他/她可能会特别关注报告的形式，讲些不痛不痒的小细节。例如，幻灯片做得美观大方，语言风趣、幽默云云。若是对报告的内容不太理解，做出评价的人也会特别关注形式，因为总得说些什么。

最为极端的情况是形式比内涵还重要，这种倾向就是我们熟悉的形式主义。形式主义似乎无所不在，在此不再赘述，因为对形式主义的任何论述都好比是讨论房价问题一样，毫无新意。

形式和内涵也经常会呈现此消彼长的趋势。如果太注重形式，往往会忽略了内涵，反之亦然。例如，当一个人极其注重外表时，他／她可能会在一定程度上忽略自身的内在品质。文章也一样，若是作者太过偏爱华丽的词藻，或许会缺乏深刻的思想，同样，富有思想的作品语言通常比较平实。

从形式与内涵此消彼长的关系来看，经常在朋友圈晒幸福可能不是明智的做法。因为这种形式上表现出来的幸福让人觉得它的意图很明确：想告诉别人自己很幸福。所谓冷暖自知，幸福的人大多数不需要别人认可他／她过得很幸福。当然，适当把自己的好心情传递给他人是可取的，这种做法跟晒幸福还是有区别的。

同样道理，表面上非常自负的人内心反倒是有些自卑，而真正自信的人往往表现得比较谦逊和低调。

若你是能说会道之人，你可能需要学会适当保持沉默，因为人们通常认为嘴上说得好的人往往做得不怎么样。究其原因，说的总是比做的容易。做不到的事常常令人沮丧，然而这种沮丧容易被话语消解。因为说话者倾向于通过话语构建一种愿景，这种愿景要么给自己“做不到”的行为提供合理解释，要么是为自己今后行为提供方向。一旦说得感动了自己，原来略有挫败感的内心就会变得心安理得。这能解释为何行动力差的人通常比较爱说。

形式和内涵有着比较巧妙的关系，了解了两者的关系，很多错综复杂的事情也就变得更加容易理解了。

经验与解释

在一定程度上讲，世界存在于理论体系中，人类通过构建理论体系来认识世界的方方面面。假如你看到某人碰触一条暴露的电线后肢体抽搐着倒下，你可能会描述说此人被电击而倒地。这样的描述其实已经涉及有关电流的理论知识，因此并不是完全客观的描述。同样，如果你打开一个配电箱，看到的是一团杂乱无章的电线，然而，专业维修人士看到的却是一组有序的电路。这种认知的差异显然是理论知识所致。

理论是对经验的解释，通常需要从最为直接的感官经验中抽离出来，因此，显得比较抽象。客观世界纷乱繁杂，人们认识事物无法顾及它所有的细节，而是要抓住最为核心的方面，进行抽象化概括，从而形成理论。理论抽象程度越高，离直接经验就会更远一些，因此不太容易被人们理解。反之，抽象化相对低的理论离直接经验也就近了一些，自然也容易被人们所接受。

理论覆盖生活的方方面面，我们习以为常、无时无刻不在使用的语言也不例外。有关语言的理论就是语言学，语言学理论的抽象化程度取决于它不同的理论追求。

A：那位学者的讲座怎么样？　　　　B：她的课件做得还不错。

从语言交际的角度来看，在上例中，说话者B似乎不太配合说话者A，有点儿答非所问。但是，在A看来，B的话语意图却完全可以理解：那位学者的讲座不怎么样。有关这方面的语言学理论关注的是语言的具体运用，顾及我们直接的语言体验，因此不会显得太过抽象。

但是，如果研究者不关注语言的具体使用问题，而是想探寻：人类语言内在知识本质是什么？这样的理论追求势必导致理论的高度抽象化。例如，语言学家提出一种最基本的句法操作，这种操作具有语言普遍性，可以解释人类的语言能力。这种句法操作叫“合并”，见下图所示。

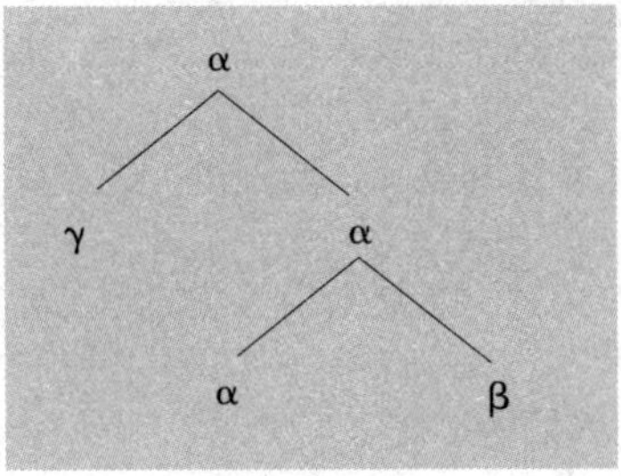

句法合并操作

如果不理会具体的理论细节，简单说来，这种合并指的是不同语法成分的两两合并，逐渐产生更复杂的短语和句子。

猴子喜欢香蕉。

如在上例中，“喜欢”和“香蕉”两词先合并组合成一个动词短语，随后“猴子”与动词短语“喜欢香蕉”合并，产生一个更大的短语（即句子）。

但是，我们说出这个句子的时候，率先说出的是“猴子”，然后依次是“喜欢”和“香蕉”，而不是先说出“喜欢”，紧接着是“香蕉”和“猴子”。因此，这种“合并”操作不能关照我们直接的语言体验，加之用希腊字母 α、β 和 γ，以及一个树形图来表示，难免显得比较抽象，令人感到乏味。再者，我们不会认为说话的时候脑海中有这么一个树形图。但是，我们不能根据这种直观的感知去否定一个理论的合理性，这就好比是尽管每天看到日落西山，我们也丝毫不会怀疑日心说理论。

因此，谈论或批判一种理论首先要理解它的理论追求是什么。

尽管人们不太喜欢抽象的语言学理论，但是，某些时候人们倒是喜欢抽象的语言。有些时候，这种抽象的词语显得有些理论内涵。若你说自己近日很健忘，这是比较通俗的话语。但是，假如你说你有点“选择性遗忘”，似乎就显得有一些理论内涵，尽管人们不太知道“选择性遗忘”是个啥理论。同样，“抑郁”比“心情低落”更抽象，“博弈”比“竞争”更“理论”，这样的例子不胜枚举。

记得有一次受邀作讲座，主办方联络人把我的时间安排搞错了。打电话沟通此事的时候，对方联络人向我表示歉意，说之所以安排有误是因为“信息不对等”。挂了电话后我一直揣摩何谓“信息不对等”，随后认识到这或许是一种减少尴尬的致歉方式。

抽象语词使用最为频繁的莫过于各类讲话稿和报告。假如某人是某一部门的负责人，在单位推行一些好的工作作风，他 / 她在报告里可能会提炼一下语言，使措辞显得有些“理论高度”。例如，把他/她的想法表述为“五种态度”或者“六种精神”。假如提出的是一种发展规划，“平铺直叙”的陈述容易使设想显得太过平庸，稍微斟酌一下用词就颇有理论内涵的感觉。例如，可以把设想概括为“一体两翼”发展模式，又或者是“321 模式”“3A 模式”等。人们通常认为高度理论化的表述能给人留下很深的印象，更重要的是显得“有高度”，这是人们喜欢使用抽象话语的一个重要原因。

但是，从受众的角度来看，情况可能会不同，听众/读者更喜欢通俗易懂的话语，因为通俗的话语更贴近人们的生活体验。如果让前面所提到的那位联络人对此做出解释，他一定会说这是一种“偏好不对等”现象吧？本文恐怕也无法满足读者的需求，从而表述得更加通俗易懂。对此，笔者确实是心有余而力不足。

自由在高处

日前在校道上偶遇一只松鼠伫立树边，尽管我不再向它靠近，但出于本能的恐惧，它立马起身往树上爬，且毫不犹豫地爬到树顶。在人够不着的树梢有着它的自由。在那一刻，我想起了熊培云先生的文章《自由在高处》，受熊先生文章的启发，谈一些心得。

电影《肖申克的救赎》中安迪为一起修葺屋顶的狱友争取到一桶冰镇啤酒的画面令人印象深刻。当狱友们在屋顶喝着啤酒的时候，安迪眺望远方，那一刻他感觉到了自由，尽管是多么的短暂。“屋顶”上的画面即是通过“高处”刻画了“自由”。

自由确实常跟高度有关，艺术创作中若是塑造一个人重获自由，比较容易被人接受的画面是某个人站在高山上，伸出双臂，喊出自由。

若是一个人站在一片低洼地喊道：我自由了！这样的画面委实令人难于接受。

当然，自由跟宽广度也有关系。例如，在影片《肖申克的救赎》的最后，安迪重获自由的画面定格在海边。同样，我们难于想象一个重获自由的人在狭小的房间里喊出“自由”的情形。

自由与高度及宽广度的关系反映的是语言与认知的关系。若是从语言内部来看，似乎也能感觉到“自由在高处”。例如，在复合词“电脑”的内部结构中，两个词素“电”和“脑”的位置是固定的，不能“自由”移动，例如变成“脑电”。

相对而言，“电脑”作为一个词出现的位置就要自由一些。例如我们可以说“我要买一台电脑”，也可以说“电脑，我要买一台”，尽管两个句子凸显的信息不太一样，但句子表达的基本意思没变。当然，“电脑”能移动的位置也是有限的，我们似乎不能说“我要电脑买一台”。相比之下，句子要比语词更自由。在一个段落或者语篇里，句子所处的位置显然有更多的可能性。

从语言成分分析来看，我们倾向于认为更大的语法单位处在更高的语法层级上。也就是说，词的层级比词素高，句子的层级比词高。

从这个意义上来讲，语法层级越高的语法成分就越“自由”。

“自由”是一个让人无比向往的好词，但是它的语义却有些复杂。

英语的词汇“liberty”和“freedom”至少区分了两种“自由”。前者更多的是政治上的自由，如帕特里克·亨利著名的演讲“Give me liberty or give me death”（不自由毋宁死）讲的就是这个意义上的自由；后者的含义比较丰富和宽泛，但更多的情况下指的是个体的意志自主性。

“自由”也是一个严肃的词，其内涵极为丰富，但我更愿意谈的是个人精神上的自由，是一种无论处在什么境况下内心都留存的自由。熊先生在文章中讲述了法国《ELLE》杂志总编让·多米尼克·鲍比的故事，读来令人感动。鲍比得了一种闭锁综合征，除了一只眼睛可以活动外，他的身体完全丧失活动功能，甚至也不能自主呼吸。但是，他却仅靠这一只眼睛，通过眨眼选择字母牌上的字母完成了一本书的写作。鲍比的故事表现的就是一种自由的精神意志。

许巍在《永远自由的心》中唱道：“当悲伤困扰的时候，当亲爱的人远走的时候，当天空阴霾的时候，当狂风暴雨来临的时候，当天空湛蓝的时候，就听到心在轻声歌唱，namo amitabha yeah。”许巍唱的也是内心的真正自由。

每个人都向往自由，但在现实中我们总是受这样或那样的限制和牵绊。或许有人会因此选择离开，或做出新的选择，试图寻求新的自由。这种做法是用双脚寻找自由，即“自由在脚下”。但是，现实常常事与愿违，换了新的地方，做了新选择往往也是于事无补，限制与牵绊仍然存在，我们根本无处逃离。

“没有什么能够阻挡，你对自由的向往。”唯一不会被影响的是我们内心的自由。自由在“高处”的大脑中，而不是在双脚下。

距离美

人们常说距离产生美，究其原因，在人际交往中，保持一定的距离能够留有一种神秘感，这种神秘能给人自由憧憬和揣摩的空间，因此是令人愉悦的。尽管有了这样的认识，但是在交际中，如果比较投缘，人们通常喜欢彼此走得近一些，以此从对方那里获得更多的信任和情感依赖。

人际间距离的远近不能只看双方交往是否频繁。所谓“君子之交淡如水”，可以理解为君子之交应该彼此之间保持一定的距离，不苛求，不强迫，不牵扯利益，彼此互相理解的理想状态。有些朋友尽管多日不见，内心始终还互相惦记，相互理解；但也有些朋友尽管天天黏在一起，内心的交流却变得疏远。这么看来，“距离”是一个比较微妙的概念，近距离并非一定是好的，远距离有些时候未必就真的很远。

从我们习以为常的语言来看，也能体会到“距离”的这种微妙特性。例如，在一个句子中，有些词语在位置上彼此挨得很近，但从语义上来理解，它们却是“疏远”的。例如在“张三跟李四说他不想结婚”这个句子中，尽管“他”离“李四”比较近，但在语义上指的是“张三”，而不是“李四”。在语言学上，这种现象说明语言的理解依靠句法依存关系而不是逐词的线性顺序。

在语言交际中，有些时候人们“答非所问”，表面上看双方的话语意图有很大的“距离”，但仔细想想却又是相关的。如在下面例子中，A 向 B 提出分手，B 的回答表面上看完全是“答非所问”，离 A 的话题较远，但是略有语言交际经验的人都会认为 B 的反应与 A 所提出的问题息息相关。

A：我想跟你分手。B：他是谁？

相反，表面上直接相关的话语实质上可能是答非所问。假如你在街道上问一行人：你知道博物馆在哪里吗？这位行人回答说：我知道，怎么啦？你当然会觉得这样的回答完全是答非所问。但是从话语表面信息来看，行人的话语与你的问题是紧密相关的。

当今互联网和智能手机的快速发展在很大程度上拉近了人们的距离，如加拿大著名学者麦克卢汉所言“媒介是人身体的延伸”，信息技术媒介确实扩展了我们的交流范围。不光如此，这种新媒介也在影响我们的交流习惯。如果细心观察不难发现，人们很多时候喜欢线上的远距离交流胜过面对面的近距离交流。相比较而言，线上交流一方面可以有效避免“难以启齿”的尴尬，此外，对于对方的话语不需要即时做出反应，可以反复酝酿如何回应。若实在是无言以对，也可以发一个意图不明的表情或者回复一个“呵呵”，以此草草了事。

一般而言，我们喜欢近距离观赏某种事物，因为这样看得更加仔细，更加清楚。但是，生活中有些事物你离得越远反倒觉得更美好。例如，当你置身于城市中央，你看到的是车水马龙、熙熙攘攘，难免觉得枯燥无趣。假如你站在城市的制高点，你获得的却是另一番美景，看到的可能是一座清新脱俗的城市。再如，我们土生土长的家乡，总是在离开之后才变得更为清晰和美丽。家乡总是在“远方”，歌唱或书写家乡的人多数是“游子”。

更有意思的是，人们常常忽略自己跟前的风景，所向往的美景常在远处，这可能是旅行的一个重要动因。旅行是寻找距离美的一个过程，是生活“离心力”的一种表现。想想我们所生活的城市，有那么多我们从未踏足过的地方，就能深刻地理解这点。

有些事情过去的时间长了，离现在逐渐远了，在我们记忆里却逐渐变得美好起来。例如儿童时期的回忆通常是美好的，哪怕在儿时很惧怕或讨厌的事情。这能解释为何童年上学被老师罚站，在田间放牛，在田地里割稻谷、挖地瓜却成了满满的美好回忆。当然，我们无法否认有些旧日的创伤无论怎样都不会变得美好。人们常常有怀旧的思想倾向，例如，上了年纪的人经常向往过去“那些美好日子”，总觉得当下年轻人不如以前的年轻人，80 后不如 70 后，90 后不如 80 后。一方面认为“一代不如一代”，一方面却又认为社会一直在进步，矛盾至极。西方有学者对此现象做了很精辟的解释：

Nothing is more responsible for those good old days than a bad memory.

（之所以总觉得过去美好不外乎是健忘使然。）

如此看来，用“距离”这一概念去探讨生活问题，好些事情变得如此的微妙、有趣，可谓是一种“距离美”。

简约是本质

生物学家覃重军说：复杂是生命的表象，简约是生命的本质。的确，从进化论的角度讲，尽管生物的形态各异，但是本质上存在极为简约的共性，受到某些共性原则的制约。

例如，自然选择没有让任何生物长出“风火轮”来，因为尽管轮子的运动能力甚为高效，但是圆形的下肢一方面让神经操控变得困难，另一方面不利于血液循环。再如，从硬度来讲，生物的骨骼远比金属差，但是自然选择并没有让生物演变出金属一般的骨骼来，因为金属不含碳酸钙，肌肉组织无法与其附着。此外，骨骼不只是支持和保护身体，还有造血功能，高硬度的金属却没法造血。

一切似乎都是最完美的安排，生物进化并非无限制地往“更强，更好”的趋势演化，而是要遵循一个基本原则，这个基本原则受到物理化学规律的限制，是生物多样性表象下的简约共性。现代基因理论与技术的发展让人们更坚信这一点。

简约是本质这一认识可以解释很多现象。每当我们去一个完全陌生的地方，听到完全不同的语言，难免会觉得这种语言与自己的母语完全不同。但是，若经进一步了解，我们会觉得它无论是在语音、词类，还是在语法上与自己的母语都无太大差异。例如，这种语言同样存在元音与辅音、名词与动词的对立，存在主谓、动宾结构，总能无限地使用有限的语法结构，随心所欲地表达思想。

简约也同样是生活的本质，尽管生活的形态千姿百态，但本质上讲都是对幸福的追求，即过幸福的生活。只是关于什么是幸福生活，人们通常说不清，道不明。

由于金钱在生活中扮演着比较特殊的角色，难免让人误以为金钱才能确保幸福。但是，确实存在这样的人，他把所有继承而来的财富全部散尽，过着简单清贫的日子，却依然觉得过得很幸福。著名哲学家维特根斯坦就是这样的人，他在弥留之际说：“告诉他们，我度过了极为美好的一生。”也有人放弃位高权重的身份，只身前往另一个国家参加革命运动，直至去世。切格瓦拉就是这样的人，哲学家萨特说他是最完美的人。

这么看来，财富和地位确实不是每一个人获得幸福的必然条件。但是，我们也无法否认财富和地位确实能给不少人带来幸福的生活。因此也无须对此嗤之以鼻。生活存在多种可能性，而追求幸福是生活最为简约的本质。幸福或许只是一种对待生活的态度，一个人要是觉得自己的生活很值得过，对他人和社会完全无害或者有一定的贡献，并且在大多数情况下都满怀激情去迎接新的一天，这可能就是幸福。无论生活有多么复杂，只要感受到这种最为朴素的幸福的感觉，可能就已经过好了生活。若是背离了这一点，追求再多的东西可能也是徒劳。

从以上意义上讲，我们也应该允许幸福有不同的获得方式以及在生活上的不同表现。缺少这一认识可能会导致“东施效颦”，为了活成他人的样子而活，又或者是执拗地追求某一个物质目标（最为常见的是金钱和名利）而活，无论是那一种情况都有可能导致不幸的生活。当人们把以上的做法强加于人，就会伤害他人的幸福。这通常是发生在家庭的教育中，显然，这种对幸福的伤害还是以爱的名义来完成的。

理想因什么而具有意义

曾有学生告诉我他的理想是周游世界，但回头想想，我觉得与其说这是一个理想，不如说它是一个计划，尽管实现起来颇有些难度。旅行本质上是生活的离心力所致，我们常常厌倦“此处”，向往“别处”。若是没有进一步的追求，周游世界无外乎是“压根儿不想回家，只想到处看看”的想法罢了。

如果说理想有什么特质的话，我觉得至少要有点理想主义吧？往实处讲，理想的意义在于能给这个世界带来什么，而不是从这个世界索取什么。周游世界本质上是一种索取，除非我们是想通过周游世界实现更大的价值，如宣扬人道主义精神，消除贫穷，普及科学常识等。

记得小时候，当老师在班会课上问起理想时，有部分同学主动站起来，热情激昂地说出自己的理想。有的同学想当警察，有的想当科学家，有的想当教师，…… 当时的我因为没有理想而感到尴尬，为自己不是一个“有理想”的少先队员而难过。小伙伴们说出来的顶多是一种职业向往，这种向往通常源于身边的榜样或者某种画册或影视作品中的人物形象。

理想与现实之间理应有很大的差距。一个孩子想成为教师不是理想，像陶行知先生一样致力于改变中国教育才是理想；想读好书以后让家人住进别墅不是理想，像周恩来总理一样为了中国崛起而读书才是理想。“我要什么”不是“理想”的表达句式，“理想”的表达句式是“我要让什么发生改变”。从这个意义上讲，“理想”是一个沉重得不能随便言说的词语。这个意义上的理想并非人人皆有，没有这样的理想也不该有很大的愧疚感。当然，日常话语中人们谈及的理想通常不具备如此严格的意义，因为“理想”词义较为丰富，例如我们可以用“理想”表达任何美好的愿望，也可以用来形容某件事情的效果不错。

尽管理想是基于人的理性对未来可能性的一种认识，但也有一些理想是远离现实性的，甚至是无法实现的，是对应于现实存在物的一种“非在”（即不会存在于任何一个历史时间节点上）。但我们丝毫不能否定这种理想的价值。摩尔的“乌托邦 ”，柏拉图的“理想国”就是这一种类型的“理想”。

伟大的哲学家都不是根据纯粹的现实性来思考的，如果不扩大甚至超越现实世界的界限，他们思想哪怕一步也前进不了。柏拉图认为“理想国”越接近现实就会越坏，可见他并不主张实现哲人王统治的“理想国”，他所构建的“理想国”不过是为现实世界提供一个参照系。我们不应该蔑视这种理想性的理论，因为它们能开启人类的新智慧。

事实上，构思出超越现实的“理想化”概念是人类认识世界的常用方法。伽利略创建他的动力学理论时他构思出一个不受任何外力的物体概念，但实际上这种物体是极为“理想化”的，根本不存在于自然界中，只是一个具有逻辑可能性的物体。

在思想界，为了更好地探讨人性与人类社会本质，伟大的思想家们同样也提出一些极为“理想化”（此处并非指“好的”）的概念。例如卢梭主张使人返回自然的状态中去，从而真正理解人的本性；霍布斯为了探寻人性，设想人类社会原始状态是人与人的冲突，合作是在不断冲突中随后产生的；荀子认为人类社会的原始状态是合作，冲突是合作所得物分配不公而诱发的。乔姆斯基为了探索人类的语言机制，把人类语言能力定义为理想说话人（不受任何因素的干扰）的内在语言知识。以上所有这些概念都是超越现实性的，但正是这些概念的提出，帮助思想家们研究现实世界的问题，为我们创造出智慧。

以上所谈的是两种类型的理想，一种是没那么容易实现的理想，一种是压根儿无法实现的理想。第一种理想的价值显而易见，但人们常常忽略第二种理想的价值，不得不说这是一种很严重的认识误区。

读万卷书与阅人无数

按照罗素的说法，我们所获取的知识有两类，分别是亲知和描述。亲知是我们依靠第一手经验获得的知识，描述是从他人那里间接获得的知识。当然，通过描述所获得的知识要通过内化为亲知方能产生智慧。当今科学门类分工不断细化，人们常常只局限在某些方面的亲知，因此主要是通过“描述”来获取知识。这种知识要么是通过阅读别人的著述，要么是通过与他人言语交流而获得。人们常挂嘴边的“读万卷书”与“阅人无数”所言的便是通过“描述”获取知识的途径。

阅读所获取的知识与言语交流获取的知识有很大不同。前者通常涵盖的范围比较广博，且常常涉及许多严肃话题的讨论，后者往往有一定的局限性，主要涉及实用性比较强的内容，当然也不乏谈论一些有关生活的感悟。

例如，我们通过阅读可以触及有关人生意义，人类命运等严肃的论题，尽管这样的论题与琐碎的日常生活有很大距离，但却可以为生活提供一些智慧。但是，日常言语交流不太可能涉及这样的论题，除非对话双方在做学术探讨，例如，教师在课堂上就会与学生探讨人生意义等严肃的话题。你该不会在茶余饭后跟朋友说“来，来，来，咱们聊一聊认识论问题”吧？你若果真如此，朋友会觉得你是一个非常另类的人。

此外，阅读具有跨越时空性，我们可以通过阅读与先贤对话，也可以通过阅读与我们并无直接接触的当代学者进行交流（尽管多数是单向的）。日常言语交际却不具备这样的属性，例如我们未必都能和哲人交朋友，却不排除有哲学思辩的某些需求，因此，阅读哲人的著述可以满足这种需求。

较之日常言语交流，著述通常具有缜密的思辩和逻辑性，在提升思维品质方面有更大帮助。口头交流相对比较随意，缺乏对问题的深入剖析，由于容易受到说话情绪的影响，偶尔也会有夸大其词的表现，把热情洋溢的措辞当作理性的论证，或者把观点当作事实。

著述的语言多数比较正式，缺乏日常言语交际的活泼性，嗜书如命之人在与人交流时偶尔也容易流露出过多的“书生气”，显得不太接地气。本质上讲，他/她可能是洞察到了某些人生大道理，不太喜欢纠缠于日常话语的琐碎。善于聆听的人容易从日常言语交际中获得好的生活经验与智慧，太过浮躁或者有些自负的人往往说的太多，听的太少，因此在言语交际中并无太多收获。

日常言语交际注重的是实用性的生活经验，人在人际交往中学会做人做事，善于人际交往的人通常比较灵活多变。人们常说“社会是一本大书”，所言的也是实用经验知识的获得。但是，一个人若太过于注重社交活动，疏于阅读与思考，有时也难免会变得有些“世俗”。有深度的阅读常常会通过理性反思使一个人变得更加注重理想价值的考量，更加注重内心的领悟，从而提升生命的品质。

尽管“阅读”与“阅人”两者有别，但却能互相促进。“阅读”所获知识能提升“阅人”品质，“阅人”也能影响“阅读”的广度或增进“阅读”的理解。至于人们常说的“行万里路”嘛，并非专指旅行，强调的其实是实践。实践是“描述”知识内化为亲知的重要条件。

活在信念中

在一次饭席间，哲学教授湘平兄指着餐桌上方天花板的吊灯说：“我们的确是生活在信念中。我们如何确定头顶的吊灯不会掉下来？这全凭我们的信念。”此语一出，我们啧啧称赞，因为此命题道出了我们的生存状态。

如果没有信念，恐怕我们都会很焦虑，因为我们对很多事情都无法确定，也无法掌控。例如，当我们走在马路上，根本无法确保从旁边经过的车辆不会撞到我们，但是我们从未为此担心过，这依靠的就是一种信念。同样，我们不会担心明天会有地震或海啸，不会担心世界上的能源消耗殆尽。当然也不会担心自己会突然告别这个世界。假如有人经常为此类事情担忧，那他/她一定是得了很严重的神经官能症。

生活在世界中的我们，每一个人的安全都要依赖于他人。例如，当我们坐上公交车，我们便把个人安全交给了公交车司机。在这种情况下，我们的安全感来自于对司机的信任。当然，无法否认此过程中我们也能有所作为，例如我们不要跟司机聊天或者争吵，遇到别的旅客对司机有过激行为要加以干涉（这方面有许多案例）。但我们无法得知司机的心理状态和身体状态如何，因此客观上讲，我们能做的非常之少。

有意思的是，这种信念通常不受理性的影响。从行为心理学上讲，这是一种“盲目乐观”或“过度自信”。当这种信念让人们无视潜在风险时，人们便把它称为一种侥幸心理。例如，尽管统计学数据显示过量饮酒和高血压有很大的关系，并且不少喝酒的人对此也有所了解，但是他们坚信自己患病的可能性绝不会大于不喝酒的人。这或许是规劝通常无效的根本原因。如果在十字路口看看那些闯红灯的人，你就会更好地体会到这点。闯红灯的人们并非不知晓这种危险，只是他们不觉得危险会发生在自己身上。

以上所言的现象，从本质上讲，都是一种本能信念的表现，因为不管在哪种情形中，人们并未诉诸理性。

当然，有很多信念并非出于本能，而是宗教、文化、知识、思想以及伦理教化等因素作用的结果。这种信念在很大程度上影响了人的生活和幸福，因此更为重要。假如一个生活在疾苦中的人仍然对生活抱有美好的愿望，那是因为其心中留存着某一种信念。同样，也正是因为某种信念，人们才可以坦然地接受人生的某些缺憾。

塑造生活的不是我们的经历本身，而是我们如何对待这些经历，即我们的某种信念。例如，同样是经历一段严重挫折，有人因此觉得生活就是一场灾难，却也有人认为人生其实是一场修炼，风雨后一定会再见彩虹。前者从此可能会一蹶不振，后者却能“劫后重生”，全因为所持信念的不同。

信念不同也会影响人们对事实的描述，因此难免影响描述的客观性。假如对一个做事甚为谨慎的人进行评价，有人可能会把其描述为一个谨小慎微、保守刻板的人，也有人会把其描述为做事严谨、一丝不苟的人。显然，在这种情形下，评价者对于评价对象该如何处事所抱有的信念影响了描述内容。

最为重要的是，坚定的信念会让一个人更加执着于自己的追求。

鉴古观今，无论在哪个领域，那些卓越不凡的人都是信念坚定之人。爱迪生说：“我没失败，我只是发现了成千上万中不可行的做法而已。”说的就是一种心怀信念，执着追求的表现。

平凡的我们，要过好自己的生活，其实也需要一种坚定的信念，只有这样才会忠于自己，努力追求属于自己的生活。苏格拉底认为“未经审视的生活不值得过”，能否说没有信念的生活也不值得过？没了信念，活着活着，就过成了别人的生活。

说 理

说理总以存在某个道理为前提，但是“道理”一词并非总是绝对理性的代名词。我借了你的钱，所以我应该还钱。“还钱”是由“借钱”这个概念所规定好了的，缺了“还”就没有“借”一说。因此“有借有还”是一个道理，属于绝对理性的道理。

你催促我还钱，我说手头紧，你还“穷追不舍”，反复勒令我还钱。我说你这个人怎么这么不讲理。这个理儿就不是理性的道理，乃是情理。我说的意思大概是说你不留情面。因为“手头紧”是一个比较模糊的概念，你不知道我手头有多紧，我是否还可以想办法凑钱还你。另外，你或许有你的难处，例如你做生意血本无归，比我还穷。因此，你并非不讲理。

道理的这两种属性经常互相抵触，也就是说有时坚持了理性的理儿却顾及不了情理。因此，生活中我们常常因为揣着道理却说服不了对方而苦恼和不解，想必是忽略了道理的这方面属性。顺着这一点来说，讲理未必就一定要改变对方想法。

按照陈嘉映先生的说法，说理只是创造一种新的理解途径，不一定要改变对方。对于“改变别人”来讲，说理始终不是最好的方法。例如，你的朋友刚离婚且丢了工作，他变得郁郁寡欢。你试图开导他，说了一堆道理，却收效甚微。相比较而言，你帮助他找一份合适的工作，让他重新看到希望，当然比说理有效多了。

说理的一个难处是有时候说理的基点是模糊不清的，不总是像借钱还钱那般显而易见。例如你说我家的墙盖在你家的地上了，按照你爷爷的说法我家园子没有这么长。我说按照我祖上的字据，我家园子可没那么短。在这种情形下，尽管我们都不否认“不可侵占他人土地”的道理，但关于土地的界限我们各自有自己的凭据。在这种情形下，说理几乎没了出路，如果为此伤了和气乃愚蠢至极。或许我们应该效仿先贤“千里修书只为墙，让他三尺又何妨？万里长城今犹在，不见当年秦始皇”的智慧，彼此各让一尺半尺，然后一起喝喝茶，聊聊天。

有些时候说理无效是因为对方不关切所涉及的问题。你无法让我接受你的观点是因为我对你所说之事根本不关心，无所谓信不信你。同样，假如你是一名教师，你苦口婆心给学生讲自由阅读可以给自己提供精神家园，但你的学生可能对这个精神家园不怎么关切，他们关心的可能是按时毕业，因此你的说理效果极为有限。关于说理需要关切这一点陈嘉映先生讲得很精辟，他还引用奥古斯丁的话“爱而后有真知”。

没了关切，我们也没了说理的欲望，如别人家的孩子老把头发染个花里胡哨，你觉得有些欠妥，但你就权当年轻人追求个性，不想对此做什么评论。如果你孩子这样，你难免不给他/她说一通道理，你从审美、社会交际、身份建构角度阐发你的见解。遗憾的是你孩子可能不关切这些大道理，他/她染头发只是因为好玩或者好朋友也这么做了。对“关切”的讨论也能解释为何家人之间的争论如此之多，以夫妻间的争论为甚。也常常听某个妻子控诉其丈夫的好脾气都留给别人，对自己极为苛刻。我想原因也在于“关切”。

在夫妻间的争吵中，总有一方道理偏多，此人通常是丈夫，因为经常听女士说“家里是讲爱的地方不是讲理的地方”。如果按照字面的意思理解这句话就会失去要点。如果你这样理解并赞同这一点，你相当等于说你可以爱一个不讲理的人。此句的要旨是强调家人因爱而宽容，并非漠视事理。宽容是以承认理儿为前提的，倘若我没有任何主张，任由你怎么做都行，就谈不上宽容不宽容。我有自己的主张，即有自己认的理儿，尽管你的所做所为违背了此理，我也不过多地强求于你，这才是宽容。

如果说理不奢求改变，那么，说理还有什么意义吗？我宁愿相信说理的意义在于提供理性的沟通方式，从而增进理解。我虽然没因为你的说理而改变，但我明白了你对事情的理解路径，一方面对你有了理解，一方面获得事情的另一种理解方式。亲人因为爱而宽容，但彼此需要给说理留有空间，这种空间即是倾听和尊重。如此看来，我们都应该心平气和，一开口就想改变对方或者对方一开口就急于反驳都不是明智的做法。

生活给予我们智慧

日前与友人喝咖啡，席间大家谈起家具的质量问题，一位朋友说如果在他有生之年能把家具用坏是一件非常有价值的事，因为物品只有在使用中才有存在的价值，而生命又是如此的短暂。

随随便便的闲聊， 但的确包含深刻的意义。人的一生和无数的物品打交道，这些物品构成了生活的外在条件。但是，对于生命而言，这些物品乃身外之物，并非生命的本质构成。它们的意义显然是在使用之中才得以显示，换言之，是人在使用中创造了这些物品的意义。就这一点来说，纵使你家有奇珍异宝，书盈四壁，若总是束之高阁，于你而言，它们没半点意义。

朋友的这种感触源于他对生活的反思，是一次生命智慧的领悟。

可能你会觉得这种领悟太过普通，是对生活经验的一种感性认识，谈不上什么大智慧。在我看来，道理通常都是简单的，所谓“大智慧”全在于反思的层次。朋友的这种反思是对生活经验最为直接的思考，不管你赞成与否，它完全符合你对生活的日常理解。由于这种认识停留在最直接的日常理解上，你自然不会觉得它有多么的高深莫测。

若是对这种日常理解进一步思考，进而进入概念的考察，就会达到另一层次的反思。用陈嘉映先生的话讲，用概念来思考问题是日常思考，而思考概念本身就是哲学思考了。当然，哲学思考的最初起点是日常思考，也就是说，“哲学思考我们的问题，不是哲学家的问题”。但是，在哲学家的讨论中，“我们的问题”不知不觉变成了“哲学家的问题”，我认为这是进一步反思的结果。换句话说，我们与哲学家的区别是，我们止于日常思考，属于初步的反思，哲学家却始于日常思考，是对反思的反思。

朋友关于家具的一番言论即是对“我们的问题”的思考，但它最终止于一种初步的反思。在他说出那一番话的时候，其实我脑海中闪现出海德格尔的有关论述。海德格尔说“此在”的基本状态是“在世界之中”，我们总是在世界之中以一种缠绕的方式遭遇事物，而不是远隔着事物来知晓事物的存在的。事物在我们的使用中展开。例如我们使用锤子的时候，我们不会去审视锤子的结构，而是在实践中让锤子帮助我们做事，例如把钉子敲进墙壁，挂上一幅画。锤子因此在它与我们的合用关系的氛围中被展开。海德格尔把这种与存在物遭遇的最根本的方式称为应手式的遭遇。

至此，我们知道海德格尔并非只是讨论直接的日常思考，而是通过概念的塑造与考察来讨论“存在”问题。我没有能力溯源海德格尔的思想来源，但能否说他关于“应手式”的讨论表明他可能也有类似那位朋友的体会？退一步来说，能否说两者之间有契合之处？这么说可能有误导的风险，但倘若果真如此，我得说大哲学家不止步于这种日常思考，他由此进入另一层次的反思，即关于“存在”的探索。

我无意探讨海德格尔的哲学思想，因为我知之甚少。本文想表明的是，生活给予我们智慧，无论是哲学家还是普通的我们都能从中汲取智慧。但是，这依赖于我们的反思。有学者说，哲学本质上是一种反思，我想说反思是智慧产生的条件。在反思中向生活敞开，智慧就会随之降临。

时间的显现与消逝

朱自清先生在散文《匆匆》里写道：“当我洗脸时，时间从指缝间溜走；当我洗手的时候，日子从水盆里过去；吃饭的时候，日子从饭碗里过去；默默时，便从凝然的双眼前过去……我们的日子为什么一去不复返呢？”先生写出了自己对时光流逝的无奈与惋惜，也道出了时间不可逆转的属性，具有哲学上的意味。

关系性时间观告诉我们，我们所感知的时间只是处在变化中的事物表现出来的时间流动。与其说事物处在时间中，不如说时间存在于事物中（陈嘉映语）。换言之，“时间”借助他物而得以“显现”。借用朱自清先生的语句，我们可以说在洗脸的时候，时间借助指缝而显现；在洗手的时候，时间依赖水盆而显现；在吃饭的时候，时间借助饭碗而显现……但是，时间一经显现就已经消逝，不再复还。从这个意义上说，我们感知到的都是瞬间，正如许巍所唱“虚幻的永恒只是那支离破碎的瞬间”。然而，时间得以显现并随即消逝的过程却改变了我们。

当我们在熬夜工作的时候，我们感觉到时间一点一点地流淌，这种感知的获得依赖于我们周边事物以及我们自身的变化。例如，周边环境越来越安静，对面大楼里房屋的灯光逐渐熄灭，手中的香烟逐渐燃尽，大脑逐渐感觉到困乏……所有这些让我们感觉到夜变得越来越深了。

熬了一夜，我们极为困乏，即使是第二天晚些起床，或者起床后再补一觉，尽管身体得到很大恢复，但似乎无法彻底弥补昨夜所失去的睡眠。按照上面的说法，熬夜中时间的显现与睡眠无关，也就是说，时间不借助于睡眠而显现并消逝，进而影响我们的身体。因此，从这个意义上说，我们之所以无法真正补充所失去的睡眠是因为时间的显现方式无法逆转。

时间的显现当然是一种非此即彼的选择。当我们选择在沙发上看手机刷微信而不是去操场跑步的时候，时间就会借助手机而显现，绝不会依赖于操场的跑道而显现，因为时间是单一同质的流动，除非你边跑步边看手机（现代人有这个能力）。

同样，假如一个人终日忙于工作，无法陪伴自己的孩子做这样那样的事情，那么他/她的时间显现与消逝当然与孩子无关。若是这位父亲或母亲有一天突然领悟，决定从此多多陪伴自己的孩子，按照上文的说法，显然也无法真正弥补昔日缺失的亲子陪伴。当然，这并不是说这位家长再也没有机会陪伴和教育好自己的孩子，只是说这种改变只能从新的此刻开始。俗话所说的“从头再来”当然不是真正回到原点重新来过，这是语言所带来的一种误解。

因此，生活中对各类事情的拖延都是不明智的做法，例如，我们不能说等以后有了钱才开始享受生活，等有了时间再陪伴父母，又或者等退休后再走遍四方。任何“以后”的想法都将不同于当下的时间显现。我们能把握的只是当下的一个个瞬间，但是，生活的匆忙常常让人们忽略这些个瞬间，这是一件憾事。

从以上观点来看，时间就不是什么抽象的概念，也不是存在于钟表里的一个具体的什么东西，时间借助事物而得以显现，是事物的“附庸品”。时间一经显现就消逝，因此，没有什么稳固的“现在”，有的只是一个个的“瞬间”，“现在”只是人设定的一个概念，以此把握这样一个“转瞬即逝”的世界。这就像是我们静静地坐在飞驰的火车上却始终认为自己是处在静止的状态中。

岁末年初

每逢岁末年初，人们总是沉浸在喜悦的跨年活动中。我们把即将过去的一年称为“过去”，把随即而来的新的一年叫作“将来”，把跨年的此刻视为“现在”，喜悦乃是源自对将来的美好期盼。当然，跨年之际也不乏有人因为某些不好的遭遇而感伤。这是我们所不愿看到的，心怀善念之人希望人们都能快乐和幸福。

喜悦也好，感伤也罢，只跟未来有关，不关乎过往和现在。就像卡西尔所言：“我们更多的是生活在对未来的疑惑和恐惧、悬念和希望之中，而不是生活在回想和当下经验中。”

当下的经验即是“现在”，然而，可能没有稳固的“现在”。时间借助事物而得以显现，时间一经显现就消逝，有的只是一个个的“瞬间”。这么看来，当我们说此刻怎样怎样的时候，所经之事已是过往，指向的是回想的“过去”。

若仔细想来，所谓对“过去”的感受实质上指向的也是未来，因为如果我们不关切未来，“过去”的经历就没了让我们牵念的意义。换而言之，我们对过去的牵念乃是因为我们还要面对未来。假如一个人对自己的长辈出言不逊后懊悔不已，所关切的一定是事后的将来长辈所受的影响，以及两人关系的演变，而不是停留在争吵的那一个时刻。

从通常的意义上来看，也比较好理解生活的未来指向。过去了的即是所拥有了的，显然已成定数，没了操持的必要。正因为如此，人们通常对所持之物珍惜得还不够。即便过去了的乃是一种“失去”，所忧虑的仍然是这种“失去”对未来可能施加的影响。

从以上的讨论来看，海德格尔“曾在源于未来”的思想似乎就不难理解了。

笛卡尔的“松果腺”

当我们的爱车开够一定的公里数，或者过了一定的时间段，4S 店的客服就会致电我们，提醒我们的汽车该保养了。我们丝毫不敢怠慢此事，因为它关乎我们的安全。这背后的想法是机器运行了一段时间会有耗损，因此容易引发安全事故。

较之汽车保养，我们的身体好像没有得到非常到位的服务。我从未发现哪个机构会致电提醒我们身体该保养了。尽管单位每年组织员工体检，但要是没发现什么大毛病，人们基本上不会理会。更不用说有相当一部分人根本就没做年度体检了。尽管汽车检查没发现什么问题，也会进行某些养护，例如，换一次机油，做个四轮定位什么的。然而，我们的身体并没有按照某种惯例进行“养护”，除非患上某种非得治疗的疾病。但那是治病，并非例行保养。

当然，我们有“养生”的做法，但那通常是上了年纪的人的专利。年轻人如果太注重养生，在别人面前说起来还有点儿不好意思呢。此外，不少人终日疲于奔波，根本无暇顾及此事。当然，也有不少人有做美容的习惯，但那是外表养护，并非关乎身体机能的维护。美容对人而言好比是汽车抛光打蜡，注重的是外观的好看。

“身体是会溃败的机器”，这是近代西方机械论哲学的观点。既然汽车需要养护，类似机器的身体当然也需要养护。机械论哲学还认为，世间万物的运动都是机械运动。例如，霍布斯就把人的心脏比作钟表上的发条。

尽管当下的我们不会认为人的身体是机器，但是对于身体受限于生命科学的规律，身体机能随着年龄的增长而不断退化的认识是不容置疑的。因此，否认机械论观点丝毫不能动摇身体需要养护的认识。

当然，把养生与汽车保养做类比不恰当之处在于汽车的零件可以任意替换，因为汽车配件能批量生产，人的器官替换却并非易事。另者，人的器官相比汽车零件，使用寿命比较长，并且身体的复杂性远超机器。

更为重要的是，人除了生理活动还有精神或意识活动，且两者之间存在互相联系和影响。17 世纪哲学家笛卡尔就已经认识到人的精神活动与物质运动的不同，因此无法将其纳入机械性运动范畴，例如人的自由意志，语言的创造性等，完全没法用机械论理论加以解释。

基于这点考虑，笛卡尔提出著名的二元论思想，即世界存在物质与精神两个平行的系统，物质的属性是广延（占有空间），精神的属性是思维。为了解决身心彼此协调一致的问题，例如，我们的脚碰到石头，意识就会产生痛感，笛卡尔因此提出“松果腺”的概念。“松果腺”存在大脑中，笛卡尔认为人的灵魂就居住在这个松果腺内，在这里，人的灵魂（或精神）与肉体发生联系。

现代科学的发展让“松果腺”的说法听起来有些荒谬，但是，就描述身心关系来讲，“松果腺”的说法倒是比较形象。“松果腺”提醒我们，不光身体器官需要养护，我们还应该注意精神活动。例如现代科学知识告诉我们，身体问题会导致心理出现问题，心理问题也会影响人的身体健康。一个人要是长期处在亚健康的状态，心理上的压力就会很大，情绪会很低落，从而导致心理问题。同样，心情抑郁，精神不振也会反过来导致身体机能出现问题。

心理与身体互为影响的关系广为人知，但是，居住在“松果腺”

里的灵魂内涵极为丰富，心理活动恐怕只是很小的一部分。人的精神活动最为重要的可能是精神追求。一个人的精神富足可以使身体获益。

斯宾诺莎说：自由是对必然性的认识，越理性就越自由。精神上感受到自由自在，保持内心澄明，身体自然也会受益。理性的获得需要人们不断去求知与探索，在不断的求索中收获智慧，进而达成精神的富足。当然，也不排除有些人并没有因为知识的增长而变得更加豁达和睿智。按照罗素的解释，知识不等同于智慧。

从身心关系的角度讲，养生不光是生理上的事，精神也需要养护。在现阶段，医学的发展还不足于很好地养护我们的身体，因为在人类对自然探索的所有方面中，恐怕对人类自身了解最少。最为重要的是，受自然规律的制约，肉体始终无法逃离退化。对此，我们无能为力。我们最能有所作为的地方其实就在笛卡尔所言的“松果腺”，即“灵魂居住地”。

目的与手段

手段是目的得以实现的方式，目的是手段存在的理由，这本应是一个显而易见的事情。但是，由于生活的复杂以及人性的某些弱点，生活中人们常常违背两者的关系，要么是本该是目的之事变成了手段，要么是手段成为了目的，又或者是手段使目的变了本来的模样。这或许是导致不幸的一个重要因素。

在手段与目的关系扭曲的所有情形中最为严肃的当数生活。我们活着活着，某些时候我们的生活却成了通向某一目的的手段。对于不同的人，这种目的指向却不尽相同。例如，有些人的生活目的是为了向别人证明些什么，也有些人是为了活成某些人希望他／她活成的样子。这些目的始终都还没脱离“人世”，超越“人世”的生活目的是一种高于人的目的（如宗教的目的），这是伦理学所探讨的问题。

赵汀阳先生在《论可能生活》中指出，生活有着自成目的性，即生活的意义在于生活本身，而不是某种更高的、超越于人的目的。生活的意义若是存在于高于人本身的目的，生活就成了通往某种结局的手段，因此失去了固有的意义。

欧洲的中世纪被称为黑暗的时代(dark ages)主要缘由是“人”的“缺席”，即生活的目的不在于人的生活本身，而是通往某种宗教（神学）目的的手段。即使是在今日，这种思想仍然普遍存在于人们的观念中。

仔细想想，把生活的意义归咎于神学的目的是极为感性的一种观念，缺乏理性考量。姑且不说神学的目的能否达到（因为缺乏明证），即使确信能达成，也并非一定是人们理性所向往的。

即使明确了生活的目的是追求幸福的生活，我们却不总是清楚何事才能真正指向幸福。生活时有暴露出比较荒诞的一面，难免让人感叹幸福难以企及。目的与手段的扭曲通常是这种荒诞的主要根源。

假如有一个人生活过得极为窘迫，他／她的奋斗目标通常是要去挣很多钱（当然也有例外），这种想法乃是人之常情。当经济不断好转，生活条件的提升让他／她感觉越来越幸福。尽管衣食无忧，但是对财富的追求并没有因此放慢下来，反倒是对金钱的欲望越发强烈。幸福感并没有因为财富的增加而递增，又或者是压根儿无暇思考幸福之事，随之增加的却是极度匆忙和劳累。在这种情形下，财富的积累成了生活的目的，而不是手段，这即是目的与手段关系的一种扭曲。

目的与手段的这种扭曲并非从一开始就已经存在，在上面的例子中，刚开始挣钱确实是生活的手段，挣钱为的是更好地生活。但是，随着财富的递增，却逐渐演变成为生活的目的，我们无从知晓这种转变的临界点在哪里。

生活的荒诞也会使我们赖以生存的语言表现出荒诞的一面。语言知识内在于人的大脑，是满足思维之需，对外而言，却是为了表达思想，也就是说，语言是手段，表达思想是目的。但是，在现实生活中，语言常常不是为了思想的表达，可能是为了完成某一个仪式或别的什么目的。在这种情况下，各种空话、套话大行其道。在有些场合，讲话人看似激情满满，听话者看似高度赞赏，双方非常融洽地完成了一个程式化话语模式，散场之后大家却对所说过的话“了无牵挂”。

语言不为思想的表达，这是一种手段与目的关系的扭曲。在这种情况下，语言并没有表现为目的本身，它还是手段，但服务的目的已经发生了转变。从语言学的角度看，这种现象可以得到解释。语言学家奥斯丁的言语行为理论认为，语言可以用来做事情。空话套话的目的即是用来达成某一件事情（例如推诿），而不是表达思想。从语言的角度来讲，这可以理解，但是从社会的角度来看，这种扭曲是有害的。英国作家乔治·奥威尔说过：语言的溃败会导致愚蠢的思想，愚蠢的思想反过来也会导致语言的进一步溃败。这样一来，语言与思想会陷入一种恶性循环中。人类生活要变得更好，显然需要好的思想。

梁启超先生有一篇文章讲的是趣味主义，谈的其实也是目的与手段问题。梁老先生讲到他一生勤勉为学，且乐在其中，全是因为他把读书当作目的，而不是获得某种利益的手段。假如把读书视为手段，一旦某种目的达到，读书势必会变得无趣。

当然，梁老先生说读书是目的并非是说为了读书而读书，而是指不为功利读书。读书可以开启智慧，发现自我，充实生活，因此应该是一种生活方式。生活既然是目的，不为功利的读书作为生活的一部分，理应可以成为一种目的。

然而，少有人会认识到读书可以作为目的。因为读书作为手段通常可以给人们带来显著的利益，例如读书所获得的学历给了我们工作，读书还可以提升我们的工作技能。因此，我们会习惯地认为读书是一种功利性很强的手段。但是，功利性的读书其实带给我们的并非是幸福生活本身，当然可能是幸福生活的某些外在条件。毕竟，对于文中设想的那位以挣钱为生活目的的成功人士来说，读书一定也起到了很大的作用。如果说他/她还不幸福，是否可以说读书作为功利性的手段不能带来幸福？当然，设想的这位“成功人士”或许可以通过别的渠道来获得幸福，例如利用财富去做慈善，而馈赠确实能让人获得幸福。但是，这样的做法可能已经把积累财富转变为一种手段。

关于教育，梁老先生也有同样的看法，他认为从事教育应该是目的，而不是一种手段，否则教育也会变得无趣。梁老先生所言是对教师的一种鞭策。

生活可以变得更好，但是我们应该让目的和手段各得其所。目的不该沦为手段，手段应该服务于原本的目的。追求幸福生活的我们更不能不择手段！

算法人生

人生太过短暂，也太过复杂，因此催生了许多人生感悟。太过短暂的人生令人伤感。既然没法永恒，那就追求质量，有道是“人生的意义不在于它的长度”。太复杂的人生令人心生迷惘。既然没法参透，那就寻求一种合理的解释，例如“生活不只眼前的苟且还有诗和远方”。通常人们把这种人生感悟称为心灵鸡汤。心灵鸡汤很多时候略有说教的味道，有着说话人的立场和偏好。本文无意“煲汤”，只是表达来自生活的一点观察，没有价值判断和立场偏好。

闲来无事的冥想让我认识到复杂的人生或许有一个至简原则：人生，要么做加法，要么做减法。用西方人比较喜欢的逻辑式表达如下：$\forall x, LIFE(x) \rightarrow PLUS(x) \vee MINUS(x)$，纯粹为了好玩，可别被它给“糊弄”

住了。这个表达式的大体意思是：对于所有的x，x是人生，x要么做加法，要么做减法。

从生理上来说，人从出生到死亡，先是做了加法，然后做了减法，说的是生理机能的发展和退化。从心智上来说就不一定如此，或许主要是做加法，也就是说，随着人的成长，心智不断得到发展和成熟。当然，若是晚年得了阿尔茨海默病，那心智就得做减法了。据说适当思考问题或者学几种外语可以降低这个风险。也有先做减法后做加法的现象，幼儿或儿童的想象力最为丰富，随着年龄的增长，人的想象力逐渐减弱，因为有了很多“束缚”，破坏了想象力的发展。出生婴儿具备掌握任何一种人类语言的能力，逐渐长大后，除了掌握了母语，再学其他语言就难得多了。

年轻时，人们奋发图强，努力进取，开拓自己的事业，追求优越的物质条件和事业成就，那是在做加法；步入中年，不少人逐渐变得淡定沉稳，淡泊名利，向往简单生活，实为做减法。当然，也有例外，有人一辈子都在不断打拼，从未停歇过。一辈子都在争名夺利的也大有人在，这样的人从未做过减法。另外，也有人年轻时不求上进，消耗大好光阴，步入中年后“洗心革命”，努力奋进，终究做成了一些事情。这种情况是先做减法，后做加法。再比如，年轻人广泛交友，喜欢热闹和应酬，步入中年之后，不经意之间，也不晓得哪些朋友，在什么时候，逐渐在你的生命中“走丢”了，所剩的算得上挚友的已不多。步入中年的人逐渐感受到独处的那种静谧，独处时并不孤独。

儒家和道家是中国文化的两极，儒家主张“修身齐家平天下”，催人奋进，提倡的是做加法；道家主张“无为”“逍遥”，提倡的是做减法。无论是做加法还是做减法都有它的合理性。人生总是要选择一种活法，若你奋发图强，胸怀大志，你能从儒家思想中受到鼓舞；若你人生受挫，职场失意，又或者是生来淡泊名利，你可以从道家的思想中得到慰藉。想想咱们中国文化多有包容性！在人生追求方面，每个人都可以有不同的选择且都有哲学依据。

有趣的是，当一个人在做加法的时候，或许在某一个方面做了减法。例如，一个人事业有成，往往忽略了家庭或者感情，少有人能很好地兼顾。我们经常听到成功人士在接受采访时表达了他们的人生遗憾，说成就都不是什么事，只想能好好陪陪家人。反过来也一样，人在做减法的时候，或许在某一个方面做了加法。例如，一个人淡泊了名利，不去争权夺利，内心却多了一份平静和定力。

有一个笑话蛮有意思，说是有一个农民问一成功人士有什么打算。商人说：只想买一块地种种菜，养养鸡，日出而作，日落而息，享受悠然自得的田园生活。农民听完后心想：我还去城里打工干啥？我现在的生活不就是富人想要的生活吗？这种想法就好比是一个人直接坐缆车上山顶，而不是一步步爬上去，却说结果都一样。其实人生通常是先做了加法后方显得做减法的宝贵。这点在语言上就有体现，如“大道至简”“返璞归真”，说的就是做减法的妙处。这种理念在日常生活中随处可见，如家装公司经常宣传极简主义，政府或企业精简机构，主张的都是做减法。小时候看到西装革履的人非常羡慕，以为富人都是这般打扮，现在发现富人都不这么打扮了，他们通常就穿一件宽松的 T 恤衫。西装革履的却通常是推销房子和保险的上班族。

人生的智慧在于一个人清楚何时该做加法，何时该做减法。在恰当的时候做正确的选择彰显了无上智慧。

量化的人

近代科学的发展在很大程度上依赖于数学，以至于有学者认为理论物理乃是数学模型。数学对科学的作用首先表现为把科学概念变为可以测量的对象，如力、光、声音、温度等概念都可以转变为数量关系，因此可以对其进行测量。人们用定量的方式来把握事物的性质。不光是自然科学，人文学科也极为青睐定量的方法。

深受自然科学发展的影响，又或许是人类理性发展的必然趋势使然，量化似乎已经完全融入我们生活的各个方面。检查身体参照的是一组组数值， 纵然你有千万痛楚要跟医生倾诉，无奈医生面无表情地给你一些检查单子，没了任何“望闻问切”。不是医生不关心你，而是较之你的感性描述，医生更相信机器里出来的数值。 购买股票你要参考的当然也是一组组数据，无论你对国内外经济时局有多了解，你也得盯着K线图看，并且你鲜有从股市中获得多少钞票，你所拥有和失去的不过是一些数值，除非在牛市一过你选择彻底地离开。就连走路锻炼我们通常也要算一下步数，还可以把数值放到平台上与人共享，彼此激励。

如果你是商人，你的成功是通过你财富的多少来衡量；假如你是官员，你的成功则由你职位的高低来判断；又或者你是一名学者，那么你的成功通常由你的成果的多寡来考量。按照流俗的看法，亿万资产的商人自然比千万资产的更为成功，高级职称显然比初、中级职称更有成就，著作等身的学者通常要比成果量少的学者更有水平。当然，我们会说学者的水平还得看成果的质量，但是，成果质量的衡量显然也离不开量化。例如发表在影响因子高的刊物上的论文就是较好的文章，而影响因子本身就是一个量化的概念。

人类社会之所以需要各种各样的评价体系，主要是因为资源的匮乏和人性的贪婪，合理的评价体系才能确保利益分配的公平公正。假如资源足够充裕，任何一个个体都可以无条件尽情享用，且人人都能克服贪念，不会过度占有资源，那么，也就不需要什么评价了。评价体系的各项指标能把任何一个群体的内部成员分成不同等次，人与人的分殊因此而产生。

无论是什么样的评价体系似乎都离不开量化，因此在这个过程中人也就被量化了。

评价一个学生是否优秀，除了看成绩外，当然是要看该生获得多少奖项，参加多少校园活动，在此量化的基础上，我们评出了“三好学生”。同样，评价一个老师是否优秀，首先看教学工作量以及课堂教学质量（基于许多量化指标），对于大学老师来说，最为重要的是发表的论文和著作。基于量化的操作，我们评出了各类职称。

职称即利益分配的尺度，高职称当然获得较多的分配。评价体系是分配方案的依据，这看起来显然很公平。但是，如果仔细琢磨，我们也能发现一些弊端。例如人们可能会把评价指标作为工作的核心，从而忽略其他方面的职责，因为没有哪个评价体系可以涵盖一切细节。对于高校教师来讲，只要完成基本教学课时数，且教学不差，所有的精力大可以按照评价体系里的科研指标去努力，可以不追求自己的学术理想，也可以不引领学生成长成才。但是，一个老师的最高价值是体现在育人上，且育人效果绝非即刻得以显示。

此外，按照惯例，一旦确定了职称，几乎所有的工作都按照这个职称标准来评价一个人的工作价值。例如一名教授授课的“价值”就比讲师的授课“价值”高，这种区分主要体现在报酬分配上。不光是学校如此，不少企业单位在邀请教师做报告也是按照职称确定分配标准。

量化有些时候跟利益分配没有什么关系，它关乎我们对人的认识和对生活价值的判断。例如，判断一个人是不是好人得看看他/她干了多少好事，至于坏人嘛，一件坏事已经足矣。一个人的头衔和荣誉总是能影响人们对他/她的认识，名号越多且越响亮，人们对其就越发敬重和羡慕，即便人们对其并无太多实质的了解。

同样，我们评价一个人对自己好不好，也要看对方为自己做多少事。若总是按照这样的思路，爱情和婚姻的量化恐怕也无法避免。此外，幸福也可以量化。一个国家的国民幸福由各种指标来量化，如GNH或者NHI指数。至于个人的幸福嘛，量化可能会更加具体一些，如工作、房子、车子，不一而足。由此产生的疑问是，人们拥有的东西再多为何通常无法感受到相应更多的幸福？也有人甚至把财富散尽，幸福感非但不减，反倒是增加了，这又是为何？

量化无节制的发挥，使对人的考量变成了一堆冰冷的数字，把人的心灵和精神挤在了外面。我们生活在量化的评判中，难免也会为此感到焦虑，有意思的是，焦虑程度的测评本身也依赖量化。量化让我们无处逃脱。

论独处与孤独

生活中我们或许会听到有人说："×× 一个人孤零零的。"这句话容易有两点解读：一是这个人没有伙伴，二是这个人有些孤独。这样一来很容易得出一个推论：独处即是孤独，因此存在一定的误导。但若仔细想想，我们不轻易承认这个等式，我们相信独处不等于孤独，且孤独也不一定由独处造成。

群居是人类的一个属性，因为我们需要陪伴和分享。从进化的角度讲，人类在生理上比较孱弱，团结协作方能保护自己和克服生存困难。但是，随着人类社会的发展，人们逐渐有了隐私的意识，不总是喜欢热热闹闹，有时也需要独处。从此，处理好独处和陪伴的关系就成了人一生的课题。

有一个至关重要的问题值得探讨：如何独处才能不会导致孤独？当然，我们这里讨论的不是叔本华所讨论的形而上的孤独，而是形而下的、最为直接的心理感受。

对于以上问题，《射雕英雄传》里老顽童周伯通找到了很好的解决法子。周伯通被困于桃花岛15年，无人可以切磋武艺，又打不过黄老邪，闲来无事自己独创了很厉害的“双手互搏术”，自己跟自己“打架”。

周伯通的例子告诉我们独处的时候要有事可做，且要有所追求。周伯通的追求是武学上的，我们的追求应该是智力上的(intellectual)。尽管养花种草也是一个选择，但那只能打发时间，少了一种精神上的追求，除非你研究花草近乎痴迷。因为若是没有进一步的追求，当守着一院繁花，沏了一壶清茶，静静地坐在院子里的时候，你似乎已无事可做，只剩下追忆过往了。

阅读和思考可能是最佳的选择，因为两者都是不需要任何陪伴就可以实现，且能在智力上提升自己。想象一下你坐在繁花似锦的小院中，沏了一壶清茶，手捧一本好书的情景，感觉是多么的美妙！少有人不羡慕这种生活方式，看看朋友圈有关读书的贴子就证实了这点。

谈读书问题通常比较讨人嫌，除非你是学富五车、德高望重的前辈，因为谈读书容易让人觉得作者自认为自己饱读诗书。语言最令人讨厌的地方莫过于这种“预设”了。例如，如果你夸一个毕业多年没见的女同学说：“你现在好漂亮啊！”，女同学可能会觉得她以前在你眼里是很难看的，没准儿回家会翻箱倒柜，找出以前的相片来。但事实可能是：你以前虽然没发现她有多漂亮，但也并不觉得她难看。

有关阅读与思考的感悟实为来自业师吴老师的启发。仍然记得老师家阳台边上的那一张木椅，老师每天都要坐上数个小时，沉浸在阅读中。吴老师不热衷于参加任何学术会议，基本上足不出户。有一次我问起此事，他笑着说：“礼不往教嘛！”每次拜访老师，都能聊上几个小时，受益匪浅。每次都能从老师和蔼的话语中感受到他内心的喜悦和满足，没有丝毫的孤独和感伤。

阅读好比是“左手”，思考就像是“右手”。思考时有挑战阅读，阅读也常常颠覆旧有的思想，进而激励进一步思考，这个过程就好比是老顽童的“双手互搏”。只有阅读，没有独立思考，或者只有思考，没有足够的阅读，都没法形成“互搏”之势，没有挑战就消解不了孤独。

当然，阅读与思考通常如影随形，没有思考就没法理解所读的东西。但是，这里强调的是一种批判性的独立思考，是在读书中读出自己，发现自己的一种深入思考。

现在社会资讯过于发达，人们每天被动接收很多碎片化的知识，根本无暇去认真思考问题。更甚者，为了吸引读者，很多资讯日趋把问题变得越来越简单，越来越通俗化，诸如一张图读懂股权知识，一张图秒懂英国历史等，不一而足。这种适合幼儿阶段的阅读模式，现在却广受青睐，不得不说是一种怪现象。

我当然也知道，在当下的资讯模式下，在社交平台上分享这样的主题文章多少有些不合时宜。但读了很多社交平台上的文章后，我仍然决定“一意孤行”。

或许独处的时候还可以冥想，英语称之为 meditation。冥想就是完全放空自己，什么都不想，进而达到“顿悟”。但是，要做到佛家所说意义上的冥想绝非易事。我曾经也试着放空自己，试图随意冥想，但发现当时的我在想如何放空自己这件事，在这个过程中偶尔也会追忆过往。罢了，对于常人来讲，我觉得冥想可能更多的是一种对待人生的态度：放慢人生脚步，用心感受生活。

本文并不是要夸大独处的美妙，我始终认为陪伴与分享是人类最可贵的属性，是生活的常态。但是，独处却可以让我们更好地认识自己，吸收更多的精神养分。人的每一次成长都是源于内心的领悟，而内心的领悟基本上都是在独处的时候完成的。这就是为什么我们在遇到烦心事，且听了别人好心劝解之后经常会说：“让我一个人静静。”

独处是储存能量，独处是领悟，是为了更好地陪伴和分享。独处不是孤独！

教育的喜悦与无趣

斯宾塞主张教育的目的是让孩子成为快乐的人。但就教育的具体过程本身而言，我不认为教育与快乐有什么本质关系，但是教育也不该变得那么无趣。

如果光从教育发生过程来看，教育的本质无外乎是通过特定的机制改变一个人的固有看法或状态，让其接受另一种观点或知识、技能。例如，小时候的我们凡事以自我为中心，凡事都要问自己愿不愿意，随着慢慢长大，我们逐渐要接受一些观念，例如要客观地看待事情，要换位思考，为他人着想，学会个别时候适当让渡自己的某些权利。这些观念的接受是在教育中完成的，试想一下在这过程中要不断舍弃自己的主观观念，去接受普遍为大众接受的观念，如何能让人快乐？

教育让我们学到了新知识与技能，或许是一件令人快乐的事情。但是，这种快乐其实是教育达成后所带来的，并非是教育过程本身产生的快乐。任何知识、技能的学习都需要付出一定的艰辛，然而在目前人们所熟悉的快乐中，似乎没有哪种快乐是伴随艰辛而来的。当然，我们有“苦中作乐”的说法，但是这本质上是人们对艰难处境做出的一种乐观调节行为，又或者是源于某种期待，即某种信念。

从以上意义上来讲，快乐并非是教育过程自带的，而是教育之后派生出来的一种情绪。 当然，在教育活动中采取一些较为活泼的形式是完全可能的，但是任何夸大寓教于乐的做法都是徒劳，因为严肃的知识和思想的获得不大可能在快乐游戏中就能掌握。幼儿教育可能是例外，因为幼儿教育涉及的是基本认知和行为能力的培养，这些能力的培养是可以通过快乐游戏来实现的。

关于对娱乐教育的批判在波茨曼的名作《娱乐至死》中已有极为深刻的论述。说教育过程与快乐无关并非意味着教育注定是无趣的，“快乐”与“无趣”不是非此即彼的一对形容词。罗素说教育无外乎涉及两个问题：一是教育的目的（意义）问题，即教育是为了什么的问题；二是心理上的问题，即如何遵循受教育者的心理发展规律。一旦明确了教育目的，教育所剩下的就只是心理学上的问题了。

因此，要让教育不变得无趣，需要让受教育者明确并接纳教育的目的，即明白为了什么而学。教育不应忽略教育作为目的本身的价值，也不应忽略受教育者作为个体的幸福体验。“教育应该以提高生命质量和培育生存意义为目的，塑造优秀人性本身。”（刘再复语）

一旦教育回归到塑造人性本身，即儒家所言的“学为人”，教育就成为人的一部分，那么教育已经是目的，而不是手段。受教育者一旦对此有所领悟，教育就会由内而外绽放出耀眼的光芒，人们就能真正收获来自教育的喜悦。这种喜悦区别于由功利性教育达成所带来的快乐，因为后者并非源自内心的情感流露。

前一阵子有调查称，一些大学新生患了一种“空心病”，说的是这些大学生普遍不知道未来要干什么，没了学习与生活的动力。经过多年的艰辛付出终于考上了理想的大学，目的已经达成，在没有明确下一个功利性目标之前，他们无法得到前行的动力，因此陷入了迷茫。也有大学生抱怨上大学没有什么大的收获，症结也在于教育是手段，教育与生命价值割裂。

优秀的文学作品致力于“美”的呈现，总能直达人性深处。因此，文学经典的阅读或许能成为维系教育与生命价值的纽带，文学所呈现的幸福瞬间能消解人世的“烦畏”与“闲愁之苦”（李泽厚语）。结合个体的生命体验去阅读文学经典，从而达到塑造优秀人性的功效，使人收获教育的真正喜悦。

平 凡

你曾意气风发，梦想在仕途实现你的抱负，但你最终发现，你只是奔赴在别人给你指的路上。没了理想，没了希望，你上班下班，你倒立行走，你的脑袋彻底……

你寒夜兀坐，手不释卷，你挥笔著书立说，猛然发现你无非在换个角度转述别人的想法。你跟很多人一样，不生产思想，你只是思想的“搬运工”。

你面朝大海，想起了海子与诗，灵光一闪，想作诗一首，以此直抒胸襟，但你最终无从找到恰当的词儿，来承载你脑海中的那点儿意象。

你起早贪黑，进货、出货，忙忙碌碌。那天路上偶遇的记者问你幸福吗，你一脸的茫然，像极了一个无辜的孩子。

你怀揣万语千言，你想改变世上人事，却置身于“喋喋不休”的人海中，你甚至无法听到自己的声音。

疫情期间你足不出户，惴惴不安，你觉得生命软弱，但何故世上之事如此的虚幻，犹如病毒一样，你看不到它们的真容。你雾里看花，能力不足于明辨什么是真相。

你仰慕天才，你想象天才的光环以及天才的孤傲。“一生很短，一瞬很长”，你觉得天才人生哪怕是一瞬间也已经足够。

你却不是天才，你什么都改变不了，平凡是你的归宿，这让你好不绝望。

好吧，你说你想在而立之年找一个姑娘，安于一座小城，决定和她生一个孩子，平平淡淡安安静静地过生活。

你却想起了格子楼的首付以及你小时候的那般模样，终究你觉得平凡该是一个人的平凡，不该也不想拖累了别人。于是，孤独占据了你的全部。

多年后，你最终发现生活的本质是平凡，天才的生活也是。所不同的是，你的孤独是一群人的孤独，天才却独享孤独。

奇妙之旅

海边漫步是一场奇妙之旅。

海滩上有拿着渔网、忙于生计的渔民， 也有为了看日出而等候多时的父亲和孩子；有痴迷于海钓的朋友，也有孩子在沙滩上拾贝和追赶小蟹。

恋爱中的男孩，用手掌在沙滩上画一颗爱心和“日久天长”，以此讨得女孩的芳心。朝阳把幸福映在男孩和女孩的脸上。

一个披着长发的女子，穿着和海一样蓝的连衣裙，光着脚丫站在潮水中，静静地看着前方。她一定是在聆听海的声音，观赏海天一色的美景。或许她怀揣心事，想把心事掷向浪边，任由潮水把它们拖拽到海里去。

有人风尘仆仆从远方赶来，此刻正慵懒地躺在沙滩上。他们拖着沉重的步伐而来，走的时候已是步履轻盈。

无论你是为了什么目的而来，大海总能给你惊喜和感动。